KB245772

펭 수야~
학교가자!

이 책의 인세 절반과 순수익금의 일부(2%)는
청소년을 위한 공익 활동에 사용됩니다.

〈펭수야~ 학교 가자!〉 도서 시리즈는
청소년의 경제·금융 역량 강화를 목표로 만들어졌으며,
책의 수익 일부는 청소년 관련 기관 및 단체에 기부됩니다.
작은 나눔이 미래의 큰 변화를 이끕니다.
이 책을 읽는 여러분도 그 뜻깊은 여정에 함께하고 계십니다. 감사합니다.

펭수 & 뚤비와 함께하는 좌충우돌 금융과 경제 탐험

제1권 **돈의 기초** 편

펭수야~ 학교가자! 1

키움증권 채널K, 자이언트 펭TV 지음

| 원작 | 유튜브 〈채널K〉 '펭수야 학교 가자' 시즌 1

금융 문해력은 단순히 숫자를 다루는 능력이 아니라, 선택의 순간마다 판단할 수 있는 '힘'입니다. 이번에 출간되는 〈펭수야~ 학교 가자!〉 시리즈는 이 중요한 역량을 유쾌하게, 그러나 놓치지 않고 전달합니다. 10대들이 펭수&똘비와 함께 웃고, 깨달음도 얻으며 점차 자기만의 경제 원칙을 세워나가는 과정은 그 자체로 훌륭한 성장 스토리입니다. 금융인이자 부모로서, 청소년들과 꼭 함께 읽고 토론해 보고 싶은 책입니다.

엄주성 키움증권 대표이사

저는 우리 아이들이 세상을 살아가면서 돈에 대한 지혜를 갖추기를 바랍니다.

블룸버그, CNBC를 비롯한 글로벌 방송들과 인터뷰하고, 투자자들의 돈을 운용하는 자산운용사에서 20년 가까이 일하며 투자의 세계에 익숙해졌다고 생각하지만, 여전히 아이들에게 투자와 경제를 설명할 때면 막막함을 느끼곤 합니다. 경제 및 투자 교육에 관하여 저와 같은 고민을 가진 부모님들에게 이 책은 최고의 선택이 될 것입니다.

딱딱하고 어렵게 느껴질 수 있는 경제 이야기를, 펭수와 똘비가 함께하여 쉽고 재미있게 풀어냅니다. 특히 실생활에 적용할 수 있는 활동들을 통해 경제를 경험하도록 이끌어 금융 지능을 갖추는 길잡이가 되어 줍니다.

이 책을 통해 우리 아이들이 돈에 대한 올바른 가치관을 형성하고, 미래를 향한 현명한 계획을, 그리고 건강한 어른으로 성장하면서 경제적 자유를 달성하기를 기대합니다.

오기석 REX Shares 아시아 사업 대표

늘 우리 주머니에 있는 돈. 그 시작이 조개껍데기였다는 걸 알고 있나요?

이 책은 먼 옛날 물물 교환부터 시작해 금화와 은화, 종이돈(지폐), 카드 그리고 요즘의 핸드폰 속 비트코인까지 돈이 어떻게 바뀌어 왔는지 아주 쉽게 풀어줍니다. 그림도 재미있고, 퀴즈도 있어서 책을 읽다 보면 어느새 '돈 박사'가 되어 있는 나를 발견할 거예요. "왜 돈을 써야 하지?", "카드랑 지갑은 뭐가 달라?", "돈이 없어도 살 수 있을까?" 같은 궁금증이 있다면 이 책을 꼭 추천해요! 펭수도 말했잖아요. "돈은 숫자가 아니라 생각이야! 돈을 알면, 세상이 더 똑똑해 보여~. 펭-하!"

김윤경 카카오스타일 지그재그zigzag 직진배송 PO

학교에서 아이들을 만나며 예전과 달라진 점 중 하나는, 자신의 꿈을 이야기할 때 '무엇이 되겠다'보다는 '돈을 많이 벌고 싶다'고 말하는 학생들이 늘어났다는 것입니다. 돈을 목적이 아닌 수단으로 삼아야 한다고 이야기하면서도, 점점 심화되는 빈부 격차의 현실 속에서 재테크의 중요성을 절감하게 되었고, 이에 올바른 금융 지식을 알려주고자 재테크 동아리를 만들어 운영하게 되었습니다.

그 과정에서 알게 된 '채널K'의 〈펭수야~ 학교 가자!〉 시리즈는 초등학생부터 고등학생까지 쉽게 공감하고 학습할 수 있어 인상 깊었습니다. 그동안 영상을 보며 빠르게 지나치는 좋은 내용들이 못내 아쉬웠는데, 책으로 접하니 한 문장씩 천천히 곱씹으며 생각할 여유가 생겨 더 깊이 있게 학습할 수 있었습니다. 많은 학생들이 이 책을 통해 올바른 금융 지식을 습득하고, 이제는 선택이 아닌 필수가 되어 버린 재테크의 세계에서 자신만의 멋진 인생을 그려 나가기를 진심으로 바랍니다.

이현수 경성 고등학교 재테크 동아리 '기업가치분석부' 지도교사

금융과 경제가
이렇게 재미있을 줄이야!

"투자는 어른들이 하는 거잖아요!"

혹시 여러분도 이렇게 생각하고 있지 않나요? 하지만 잠깐, 이런 상황을 한번 생각해 보세요.

A

매주 받는 5천 원 중에서 3천 원은 저축하고, 2천 원으로 일주일을 계획적으로 보냅니다. 몇 달 후, 그동안 모은 돈으로 정말 갖고 싶었던 운동화를 샀어요.

VS

B

받은 용돈을 당일에 모두 써 버리고, 일주일 내내 친구들에게 돈을 빌리며 지냅니다. 갖고 싶은 것이 생겨도 늘 "돈이 없어서"라고 말하며 포기해요.

두 친구의 차이는 무엇일까요? 나이도 같고, 받는 용돈도 같은데 말이에요. 바로 돈을 다루는 방법을 아는지 모르는지의 차이입니다. 그리고 이것이 바로 금융 교육이 필요한 이유죠.

사실 여러분은 이미 매일 경제 활동을 하고 있어요. 용돈을 받는 것(소득), 학용품이나 간식을 사는 것(소비), 저금통에 돈을 모으는 것(저축) 모두가 경제 활동의 일부거든요. 체계적으로 배운 경우가 드물 뿐입니다.

학교에서 가르쳐 주지 않는 중요한 공부

우리는 학교에서 많은 것을 배웁니다. 구구단도 외우고, 역사 연도도 암기하고, 과학 실험도 해 봅니다. 모두 중요한 공부예요.

하지만 실제 생활에서 많이 쓰이는 지식 중 하나가 빠져 있어요. 바로 돈을 관리하는 방법입니다.

"세 살 버릇 여든까지 간다."라는 속담이 있듯이, 어릴 때 형성된 경제 습관은 평생을 좌우합니다. 용돈을 계획적으로 쓰는 습관을 기른 사람은 평생 동안 대개 합리적인 소비를 하지만, 무분별하게 돈을 쓰는 습관이 몸에 밴 사람은 나이가 많든 적든 가계 관리에 어려움을 겪을 가능성이 높아요.

학교에서 배우는 것 VS 실제 어른이 되면 필요한 것

구구단은 외우지만 → **복리 계산**은 모름

역사 연도는 외우지만 → **돈의 역사**는 모름

과학 실험은 하지만 → **투자 실험, 자산 운용**은 안 해 봄

영어 단어는 외우지만 → **경제 용어**는 어려움

그래서 많은 어른들이 후회하며 말합니다. "어릴 때 돈 관리를 제대로 배워둘걸." 이 책은 여러분이 그런 후회를 하지 않도록 도와주는 특별한 안내서입니다.

펭수 & 똘비와 함께하는 특별한 경제 수업

이 책의 주인공은 우리에게 익숙한 펭수와 똘비입니다. 둘은 우리와 마찬가지로 금융도, 경제도 거의 처음 배우는 단계죠. 특히 펭수는 "6경 벌 수 있어!"라고 호언장담했지만, 정작 정기 예금과 적금의 차이도 몰랐다고 해요.

그러다 보니 재미있는 상황도 많이 등장하는데요, 웃음이 터지는 에피소드들을 읽다 보면 자신도 모르는 사이에 경제의 기본 원리가 이해될 거예요. 펭수와 뚱비가 벌이는 좌충우돌 이야기 속에서 자연스럽게 용돈, 저축, 투자 개념을 익힐 수 있을 겁니다.

이 책을 읽고 나면 다음과 같은 변화를 경험하게 될 거예요!

첫째, 경제 뉴스가 이해되기 시작할 것입니다. '주가가 올랐다', '금리가 내렸다', '환율이 변동했다' 같은 말이 더 이상 어른들만의 어려운 이야기로 들리지 않을 거예요.

저녁 뉴스를 보면서 부모님께 "오늘 주식이 많이 올랐네요. 우리가 투자한 회사는 어때요?"라고 물어 볼 수 있고, 인터넷 쇼핑을 할 때도 "환율이 올라서 해외 상품 가격이 비싸졌구나."라고 이해할 수 있게 될 거예요.

둘째, 용돈 관리가 완전히 달라질 것입니다. 무작정 아끼기만 하거나 받자마자 다 써 버리는 것이 아니라, 진짜 계획을 세워 현명하게 사용하게 될 거예요.

예를 들어 월 20,000원 용돈을 받는다면 저축 8,000원, 간식비 7,000원, 친구들과의 활동비 3,000원, 비상금 2,000원으로 나누어 쓸 수 있게 될 테죠. "이번 달엔 새 게임을 사고 싶으니까 간식비를 줄여 볼까?", "친구 생일 선물을 위해 두 달 동안 조금씩 모아 둬야겠다." 같은 전략적 사고도 자연스럽게 자리 잡을 것입니다.

셋째, 미래를 준비하는 습관이 몸에 밸 것입니다. 당장 갖고 싶은 것과 정말 필요한 것을 구분하는 능력이 생길 테니까요.

단기 목표(예: 한 달 후 갖고 싶은 책), 중기 목표(예: 반년 후 사용할 가족 여행비), 장기 목표(예: 3년 후 원하는 학원에 다니기 위한 준비금)를 나누어 계획할 수 있게 되고, 각 목표에 맞는 저축 계획도 세울 수 있을 거예요.

넷째, 투자에 대한 올바른 관점을 갖게 될 것입니다. '투자는 어른들이 하는 위험한 도박'이라는 생각에서 '투자는 미래를 위한 현명한 준비'라는 올바른 인식으로 바뀔 거예요.

주식이나 펀드가 무작정 무서운 것이 아니라, 올바른 지식과 신중한 접근이 필요한 경제 활동이라는 것을 이해하게 될 것입니다. "주식은 회사의 일부를 사는 것이고, 그 회사가 잘되면 나도 함께 성장하는 거로군.", "분산 투자는 위험을 줄이는 현명한 방법이구나." 같은 건전한 투자 철학을 기를 수 있습니다.

다섯째, 자신만의 경제 철학이 생길 거예요. 돈이 인생의 전부는 아니지만, 꿈을 이루고 행복을 찾는 데 도움이 되는 소중한 도구라는 것을 깨닫게 될 것입니다. "나는 어떤 가치를 중요하게 생각하는 사람일까?", "내가 번 돈을 어떻게 쓸 때 가장 의미 있을까?"를 스스로 생각할 수 있게 될 테죠. 나아가 자신만의 경제 가치관을 정립하게 될 것입니다.

마지막으로, 자신감과 독립성이 생길 거예요. 경제에 대한 기초 지식이 생기면 자연스럽게 자신감도 따라옵니다. "나도 이제 돈에 대해 제대로 알고 있어."라는 뿌듯함과 함께, 스스로 계획하고 결정할 수 있는 능력이 생깁니다.

부모님께 "용돈 더 주세요."라고 무작정 조르는 대신, "이런 계획으로 용돈을 관리하고 있는데, 이러저러한 부분이 조금 부족해서 상의드리고 싶어요."라고 논리적으로 대화할 수 있게 되죠.

경제는 어려운 학문이 아니라 우리 삶을 풍요롭게 만드는 생활의 기초입니다. 경제 공부의 목표는 부자가 되는 것이 아니라 현명한 사람이 되는 것이에요. 이 책은 여러분이 돈에 휘둘리지 않고, 돈을 현명하게 다룰 줄 아는 멋진 사람으로 성장하는 첫걸음을 함께할 것입니다.

펭수처럼 때로는 엉뚱한 실수를 하고, 똘비처럼 때로는 놀라운 깨달음을 얻으며, 쌤들의 따뜻한 가르침으로 성장해 나가는 여정에 여러분을 초대합니다. 키움 초등학교(제1권: 돈의 기초)에서 시작해, 앞으로 중학교(제2권: 시장의 이해)와 고등학교(제3권 : 실전 투자)까지 펭수&똘비와 함께하며 차근차근 경제에 대한 이해를 키워 나가게 될 거예요.

그 첫 단계인 이 책에서는 돈이 생겨난 이유와 그 역사, 어떻게 돈을 관리해야 하는지, 현명한 소비와 합리적인 선택이란 무엇인지, 저축과 투자의 차이는 뭔지 그리고 내가 꿈꾸는 미래를 위해 어떻게 자산을 만들고 키워 나갈 수 있을지에 관해 생각하는 방법을 배워 보겠습니다.

세상에서 가장 즐거운 경제 공부, 가장 유익한 돈 이야기가 여러분을 기다리고 있어요.

준비됐나요?

그럼 펭수&똘비와 함께 키움 초등학교로 출발해 볼까요!

등장인물 소개

PENGSOO

펭수

남극에서 온 열 살. 생일은 8월 8일.
키 210cm, 몸무게 103kg의 진짜 거대한 펭귄.
특기는 요들송, 랩 조금, 비트박스 조금, 판소리, 드럼 연주,
미국춤, 나청송, 유기농춤 등등. 펭귄어, 물범어, 한국어가
가능한 다국어(?) 능력 펭귄! 남극 유치원을 졸업하고,
한국으로 와서 지금은 EBS 연습생으로 활동 중.
꿈은 BTS 같은 스타가 되는 것! 인스타그램 @giantpengsoo

똘비

1999년 9월 19일생, 국적은 대한민국.
탑골공원 출신의 현실에 찌든 비둘기.
내향적이고 실용적인 성격이다. 쓰레기 뒤지기 관련 경력이
있으며, 지금은 비둘기라는 이유로 취업난을 겪고 있다.
꿈은 인간이 되는 것. 인스타그램 @crazy.ddolbi

DDOLBI

키움
초등학교로!
특별한 입학

이른 아침, 교실 문을 열고 들어선 건 똘비였다. 책상은 모두 비어 있고, 조용한 교실 한가운데 똘비만 덩그러니 앉아 있었다.

"왜 저만 있어요?"

똘비는 주위를 두리번거리며 중얼거렸다.

"펭수 선배님은 왜 안 오시는 거지…?"

잠시 후, 교실 구석에 있던 PD가 말했다.

"펭수 님 오면 그때 설명할게요. 조금만 기다려요."

그때였다. 문이 벌컥 열리며 익숙한 목소리가 울려 퍼졌다.

"펭하! 안녕하세요~!"

펭수였다. 여유 있는 걸음으로 들어온 펭수는 특유의 넉살 좋은 인사를 건넸다.

"좋은 소식이 있다고 해서 왔는데, 무슨 소식이에요?"

기다렸다는 듯 PD가 입을 열었다.

"이번에 키움증권과 EBS가 함께, 어린이도 쉽고 재미있게 금융과 경제를 배울 수 있는 콘텐츠를 만들게 됐어요."

펭수는 눈썹을 찌푸렸다.

"금융에다가 경제까지요?! 너무 어려운 거 아니에요?"

"그래서 키움 초등학교라는 가상의 경제 학교가 새로 열렸어요. 입학생을 모집 중이랍니다."

"오, 재밌겠다!"

똘비의 눈이 반짝였다.

하지만 펭수는 고개를 갸웃하며 말했다.

"근데요…, 제가 아직 대학교 휴학 중이라서요. 초등학교에 다시 입학해도 되는 건가요?"

"저는 미취학이에요."

똘비가 덧붙이자 PD는 순간 당황한 표정을 지었다.

"그… 그래도 경제 교육을 받을 의향은 있죠?"

잠시 생각하던 펭수는 고개를 끄덕이며 외쳤다.

"의향 있습니다! 초심으로 돌아가서, 키움 초등학교에 입학하겠습니다!"

부자가 되기 위한 공부, 준비됐나요?

며칠 후, 드디어 입학식 날이 밝았다. 학교 정문 앞에는 '키움 초등학교에서 시작하는 새로운 출발을 응원합니다!'라는 현수막이 펄럭이고 있었다. 설레는 풍경 속, 비범한 두 학생이 모습을 드러냈다.

"똘비!"

"네!"

"준비됐나?"

"준비…, 아! 됐습니다!"

펭수는 두 팔을 번쩍 들며 외쳤다.

"우린 이제 부자로 거듭나는 거야!"

"부자로 가자!"

똘비의 눈에도 뜨거운 의지가 번뜩였다.

"부자 될 수 있어!"

둘은 큰소리로 다짐을 외치며 잔뜩 흥분한 채 교실로 향했다.

사실 그들 자신도 정확히 무엇을 배우게 될지 잘 몰랐지만, 돈에 휘둘리지 않고 돈을 다룰 줄 아는 어른 새가 되고 싶다는 마음만큼은 진심이었다.

"아, 같이 가요!"

똘비는 앞서 달려 나간 펭수를 따라 헐레벌떡 뛰었다. 어느샌가 '첫 수업이 곧 시작된다'라는 방송이 흘러나오고 있었다.

이 책의 활용법

순서대로 읽어도 좋고, 관심 있는 주제부터 골라 활용해도 괜찮습니다.
중요한 건, 읽고 생각하고 실천하는 '나만의 경제 습관'을 만드는 것!
펭수와 함께 배우고, 똘비처럼 상상하고, 나만의 방식으로 경제 공부를 시작해 보세요.

컷툰 & 에피소드

펭수와 똘비의 좌충우돌 상황극과 함께
이번 장에서 다룰 주제를 재미있게
소개하는 컷툰과 에피소드는
유튜브 채널K 〈펭수야~ 학교 가자!〉
영상과 함께 보면 재미 만점!

경제 수업 : 스토리텔링으로 더욱 쉬운 경제 학습

조곤조곤~ 선생님이 들려주는
더 깊이 있고,
이해하기 쉬우며,
흥미로운 경제와 금융 이야기들

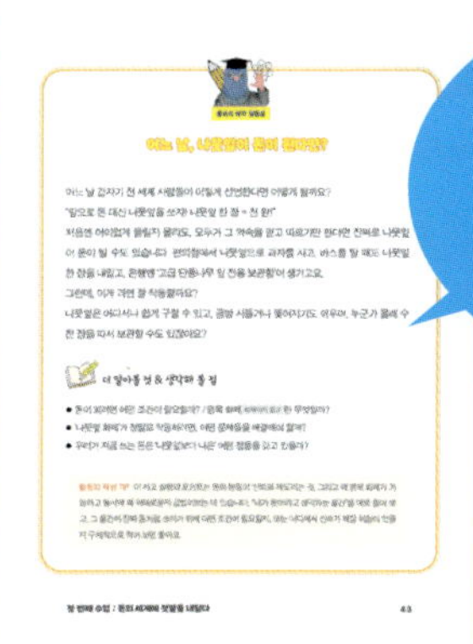

똘비의 생각 실험실

사고 실험으로
경제적 사고력과
판단력을 UP

펭수의 부자 되기 노트

배운 내용을 생활 속에서
실천해 보는 워크시트

목차

펭수와 똘비, 돈의 정체를 추적하라! 26

벌고, 쓰고, 모은다! 경제 활동의 3요소 46

용돈으로 배우는 생애 첫 금융 입문 63

가치와 선택의 경제 원리

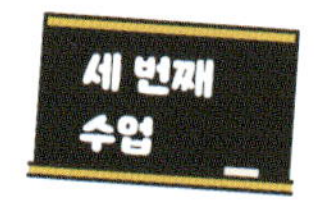

투자와 미래를 위한 경제 설계

네 번째 수업
돈의 세계를
체험해 보자!

＿ㅣ 경제 활동과 금융을 이해하기 위한 첫 걸음 ㅣ＿

돈의 세계에 첫발을 내딛다

첫 번째 수업

돈의 역사, 경제 활동의 3요소, 용돈으로 배우는 생애 첫 금융 입문, 종잣돈의 힘

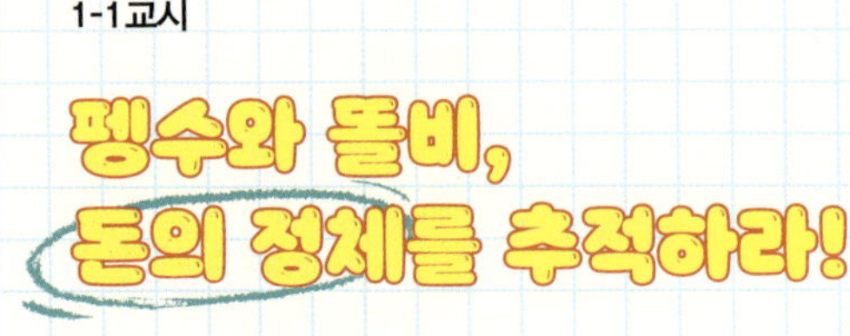

펭수와 똘비, 돈의 정체를 추적하라!

● 조개부터 디지털까지, 돈의 역사
● 돈의 세 가지 역할
● 만약 이 세상에 돈이 없다면?

▷ 이번 시간
유튜브 영상 보기

개념 키움

경(京)이란?

'1경'은 1조의 1만 배, 즉 숫자 0이 16개나 붙는 단위이다! 1만 원짜리 지폐로 1경 원을 모으려면 →

펭수야~ 학교 가자! 1

키움 초등학교 교실, 햇살이 쨍쨍 들어오는 화창한 오후다.

"선배님, 지금까지 얼마나 모았어요?"

똘비가 호기심 가득한 눈빛으로 물었다.

펭수가 가슴을 쫙 펴고 어깨를 으쓱하며 여유롭게 말했다.

"6경 정도? 뭐, 그 정도는 돼야 진짜 부자지~."

6경?! 똘비는 펭수의 대답에 눈이 동그래져서 입을 벌린 채 잠시 말을 잃었다. 6경이면…, 어… 얼마나 큰돈이지? 상상도 안 되는 숫자였다. 잠깐의 침묵 후, 똘비는 이내 현실로 돌아와 목소리를 높였다.

"6경이요…?!" 똘비가 손을 휘저으며 외쳤다. "아니, 꿈 애기 말고요! 진짜 얼마를 모았냐고요! 저금통에 들어있는 진짜 돈 말이에요."

"어? 왜? 6경 벌 수 있잖아?"

펭수가 순수한(?) 눈빛으로 되물었다.

"그게 말이 돼요?!"

똘비는 머리를 쥐어짰다. '아, 이 선배님 진짜 허황된 꿈만 꾸시는구나.'

이렇게 입학 첫날부터 두 사람, 아니, 두 마리 새가 티격태격하고 있을 때였다.

지폐 100조 장이 필요하다. 무게로 따지면, 약 100만 톤. 대형 덤프 트럭이 수천 대 필요한 수준이다! 그러니까 "6경을 모았다"는 건… 정말 말도 안 되는 농담인 셈! ●

"조용, 조용!" 선생님이 교실 문을 열고 들어오며 말했다. "복도 끝까지 시끄러운 소리가 들리던데, 무슨 일이야?"

여전히 아옹다옹하는 두 친구를 보며, 쌤은 깊게 한숨을 내쉬었다.

"내 소개부터 해야겠구나. 나는 너희에게 돈과 경제에 관한 기초 지식을 알려줄 박명석 선생님이야."

명석 쌤은 칠판 앞에 서서 속으로 생각했다. '지난번에 봤을 때도 느꼈지만, 이번에도 쉽지 않겠군.' (참고로, 명석 쌤은 키움 초등학교 입학 전 키움증권에 방문했던 펭수를 만난 적이 있다. 영상을 보려면 옆의 QR코드 스캔!)

"자, 그럼 수업을 시작하기 전에…."

명석 쌤이 말을 꺼내려는 찰나, 펭수가 번쩍 손을 들더니 말했다.

"쌤! 6경 모으는 방법도 가르쳐 주실 거죠?"

명석 쌤의 눈가에 살짝 경련이 일었다.

"액수를 말하기 전에 일단 돈의 개념부터 알아볼까? 너희들, 돈이 뭔지 아니?"

그러자 언제 다퉜냐는 듯, 펭수와 뚈비가 입을 모아 외쳤다.

"당연하죠. 돈 이즈 머니 아닙니까!"

"돈은 돈이다!"

명석 쌤은 어이없다는 생각이 들었지만 이내 미소를 지으며 말했다.

"좋아. 그럼 돈이 왜 '돈'이 되었는지, 어디서부터 시작됐는지, 오늘 첫 수업에서 함께 추적해 보자."

조개부터 디지털까지, 돈의 역사

❝ 돈의 시작은 아주 오래전, 약 1만 년 전 물물 교환 시대로 거슬러 올라갑니다. 상상해 보세요. 여러분이 고대 시대에 살고 있다면?

풍년을 맞아 곡물을 많이 수확한 농부가 있다고 해 볼게요. 농부는 고기가 먹고 싶었습니다. 그래서 사냥꾼에게 "곡물 한 포대와 고기 한 덩어리를 바꿉시다!"라고 제안했어요. 다행히 사냥꾼도 곡물이 필요했기 때문에 교환이 성사되었죠.

어느 날, 농부는 신발이 필요해서 신발장수를 찾아갔습니다. 그는 신발장수에게 말했어요.

"곡물 한 포대와 신발 한 켤레를 바꿉시다!"

그런데 신발장수는 이미 충분한 양의 곡물을 가지고 있었어요. 그는 고기를 원했습니다.

결국 농부는 자신의 곡물을 사냥꾼에게 가져가서 고기로 바꾼 다음, 그 고기를 신발장수에게 가져가서 신발로 바꿔야 했어요. 마치 게임에서 아이템을 여러 번 교환한 후에야 원하는 아이템을 얻는 것처럼 말이죠.

즉, 물물 교환에는 다음과 같은 한계가 있었던 겁니다.

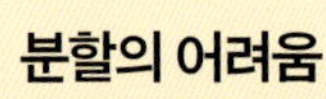

그림 1 물물 교환의 한계

그래서 사람들은 고민하기 시작했어요.

"모두가 가치 있다고 여기는, 누구와도 쉽게 바꿀 수 있는 무언가가 있다면 얼마나 좋을까?"

조개껍데기 : 세계 최초의 화폐

이런 생각 끝에 등장한 것이 바로 '돈'입니다. 그런데 지금처럼 종이나 동전으로 된 돈이 생기기 전, 사람들은 어떤 걸 돈처럼 사용했을까요? 놀랍게도 가장 오래된 돈 중 하나는 바로 조개껍데기였습니다.

그렇다면 왜 조개껍데기가 돈이 되었을까요?

고대 사회에서 사용되던 조개 화폐
(출처 : 국립중앙박물관)

| 희소성 | 바다 근처에서만 얻을 수 있어 귀했어요. 32페이지 참고 |

| 견고함 | 쉽게 깨지지 않아 오랫동안 쓸 수 있었죠. |

| 휴대성 | 작고 가벼워 들고 다니기 편했어요. |

| 미적 가치 | 반짝이고 매끈해서 예뻤죠. |

| 분할 가능성 | 조개 1개, 2개, 10개처럼 셈이 가능했어요. |

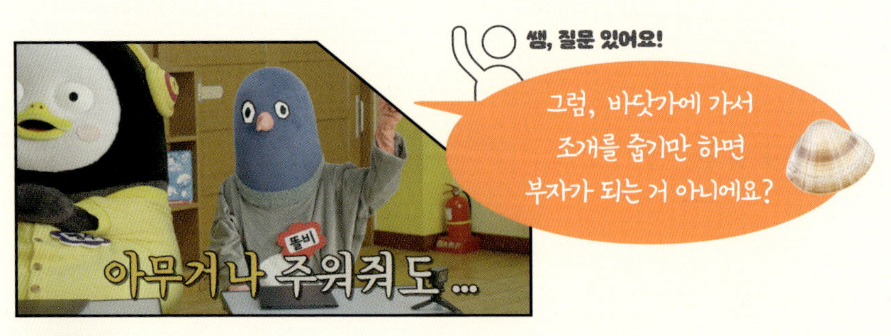

> **개념 키움**

희소성과 돈의 가치

'희소성'이란 모든 자원이 무한하지 않고, 한정되어 있다는 뜻이다. 쉽게 말해, 누구나 갖고 싶어 하지만 모두에게 다 나눠줄 수 없는 것 —그게 바로 희소한 자원이다. 예를 들어 강가에서 쉽게 주울 수 있는 자갈은 값어치가 없지만, 금이나 다이아몬드 같은 보석은 가치가 높다.

그럼 '돈'은 어떨까? 누구나 마음껏 찍어낼 수 있어서 돈이 엄청나게 많아진다면, 과연 그 돈은 쓸모가 있을까? 실제로 그런 일이 일어났던 나라가 있다. 짐바브웨는 돈을 너무 많이 찍어낸 나머지 빵 한 개를 사는 데 수조 단위의 지폐가 필요했다(이 이야기는 뒤에서 자세히 소개할 것이다). 돈의 양이 지나치게 많아지자 사람들은 그 돈을 믿지 않게 되었고, 결국 가게들도 돈을 받지 않게 되었다.

그래서 돈은 적당히 '귀하고' 또 '관리되어야' 한다. 희소성을 잃은 돈은 더 이상 돈이 아니게 되기 때문이다. 우리가 쓰는 돈도, 결국은 사람들이 "이건 가치가 있어!"라고 믿기 때문에 쓸 수 있는 것이다. 희소성은 돈이 돈일 수 있게 해 주는 기본 조건이다.

이렇듯 조개껍데기는 사람들 사이에 '이걸로 물건을 살 수 있다.'라는 믿음이 형성된 첫 번째 돈이었던 셈입니다.

금속 화폐의 등장

시간이 흐르면서 사람들은 조개껍데기보다 더 튼튼하고 실용적인 재료를 찾기 시작했습니다. 그 결과, 눈에 띈 것이 바로 금속이었어요.

조개껍데기는 예쁘고 희귀했지만 쉽게 부서졌고, 많은 양을 들고 다니기에도 불편했죠. 반면 금속은 강하고 오래가며, 모양을 일정하게 만들기도 편했습니다.

기원전 8세기부터 2세기까지, 중국의 춘추전국시대에는 '도포(刀布 : 칼 모양의 '도전'과 삽 모양의 '포전'을 합쳐서 부르는 말)'라는 독특한 금속 화폐가 등장했습니다. 청동으로 만든 이 화폐는 작고 귀여운 칼 모양의 장식품 같았죠. 당시에는 실제 무기를 줄인 형태의 화폐를 만들기도 했는데, 손잡이 부분에 글자를 새겨 넣어 위조를 방지했어요. 요즘으로 치면 지폐에 들어간 홀로그램이나 워터마크처럼, 신뢰를 높이기 위한 장치였죠.

춘추전국시대 중국 연나라의 청동 도전, 명도전(明刀錢)이라고도 한다.
(출처 : 위키피디아, 베이징국립박물관 소장)

리디언 주화,
'리디언 사자' 동전
이라고도 불린다.
(출처 : 위키피디아)

하지만 진정한 화폐의 시대를 연 것은 기원전 7세기 중반, 지금의 튀르키예 지역에 있던 리디아 왕국이었습니다. 이들은 금과 은이 자연스럽게 섞인 금속인 엘렉트럼(Electrum)으로 세계 최초의 주화를 만들었습니다.

리디아의 주화는 세 가지 이유에서 매우 혁신적이었습니다.

첫째, 무게와 금속의 순도가 표준화되어 있어서 주화 하나하나의 가치를 정확하게 정할 수 있었어요.

둘째, 리디아 주화에는 왕의 인장(도장)이 새겨져 있었는데, 이는 그 돈이 진짜임을 증명하는 역할을 했습니다.

셋째, 이 주화는 주조 틀을 이용해 대량으로 생산할 수 있어서 널리 퍼지기에 매우 유리했습니다.

오늘날 우리가 사용하는 동전의 직계 조상이라 해도 과언이 아니죠.

종이돈의 등장 : 실물에서 약속으로

시간이 더 흐르자, 사람들은 다시 한 가지 큰 문제에 부딪혔습니다.

작은 시장에서 생선 한 마리를 사는 정도라면 주머니에 몇 개의 동전만 있어도 충분했지만, 멀리서 무역을 하거나 큰 거래를 하려는 상인들에겐 문제가 달랐습니다. 금화와 은화를 수레 가득 싣고 다녀야 했거든요.

그런데 금속은 생각보다 엄청나게 무겁답니다. 금은 철보다 약 2.5배, 알루미늄보다 7배나 무겁죠. 게다가 도둑을 만나기라도 하면 순식간에 모든 돈을 잃을 위험도 있었습니다.

그래서 사람들은 새로운 해결책을 찾았습니다. 그 결과, 약 1천 년 전 중국 송나라에서 '교자(交子)'라는 세계 최초의 지폐가 탄생합니다.

교자의 구조는 오늘날 은행 시스템과 흡사합니다.

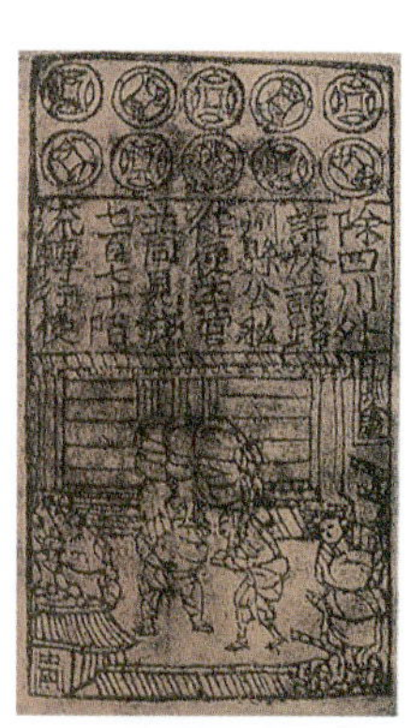

세계 최초의 지폐, 교자
(출처 : 위키피디아)

어떤 사람이 정부 기관에 금 10냥을 맡긴다.

→ 정부 기관에서 "이 종이를 가져오면 금 10냥을 드립니다."라고
  적힌 증서(=교자)를 준다.

→ 사람들은 이 종이를 실제 물건을 살 때 사용한다.

→ 필요할 때는 이 종이를 들고 가서 진짜 금으로 바꿀 수 있다.

그런데 궁금하지 않나요? 그냥 종이일 뿐인데 어떻게 믿고 썼을까요?

당시 정부는 '이 종이는 진짜 돈이다.'라고 법으로 정하고, 위조하는 사람을 엄격하게 처벌했습니다. 즉, 사람들은 정부의 약속과 법의 힘을 믿고 지폐를 사용했던 것입니다.

이 원리는 오늘날 우리가 통장에 찍힌 숫자를 믿고 거래하는 방식과도

비슷합니다. 종이나 동전 또는 모니터 속 숫자일지라도 그 배경에 '언제든 진짜 가치를 돌려줄 것'이라는 믿음과 보증이 있기 때문에 사람들은 안심하고 사용할 수 있어요.

현대의 디지털 화폐 : 보이지 않는 돈

오늘날 우리는 지갑을 꺼내지 않고도 자유롭게 물건을 사고팔 수 있습니다. 신용카드 한 장, 아니면 손에 들고 있는 스마트폰만 있으면 결제가 끝나죠. 버스에 탈 때도, 카페에서 음료를 주문할 때도, 온라인 쇼핑몰에서 물건을 살 때도, 단 한 번의 터치나 인증만으로 돈이 오갑니다.

하지만 이러한 모습은 불과 수십 년 전까지만 해도 상상하기 어려운 것이었습니다.

1950년에 설립된 미국의 신용카드 회사, 다이너스클럽이 1975년 발행한 신용카드의 앞면과 뒷면
(출처 : 스미소니언 미국사박물관)

1950년대 미국, 세계 최초의 신용카드가 등장하면서 '돈'의 개념은 한 차례 커다란 변화를 맞습니다. 신용카드는 지금 내 지갑에 돈이 없어도, 나의 신용과 미래의 상환 약속을 바탕으로 돈을 사용하는 수단입니다. 다시 말해, '신뢰

를 기반으로 하여 미리 지급하는 시스템'인 셈이죠. 물건을 사고 나서 일정 기간 안에 값을 갚으면 되는 이 방식은 소비 생활의 편리함을 크게 끌어올렸습니다.

2000년대에 들어서며, 금융 기술(핀테크, fintech)의 발전과 스마트폰의 보급이 맞물리면서 모바일 결제 서비스가 등장했습니다. 카카오페이, 애플페이, 삼성페이 등 다양한 간편 결제 시스템으로 물리적인 카드조차 필요 없는 시대가 열렸어요. QR코드, NFC(근거리 무선 통신), 생체 인식 기술 덕분에 우리는 전화 한 통화보다 더 짧은 시간 안에 전 세계 어디서든 결제를 마칠 수 있게 되었습니다.

그리고 이제, 돈은 중앙기관 없이도 존재할 수 있는 단계에 접어들었습니다. 비트코인을 비롯한 암호화폐(가상자산)는 정부나 은행 같은 중앙의 통제 없이도 '블록체인'이라는 기술을 통해 사용자 간 직접 거래가 가능합니다. 이러한 시스템에서는 네트워크에 참여한 모든 사용자 간의 수학적 증명과 합의에 의해 거래의 신뢰가 유지됩니다.

그렇다면 미래의 돈은 어떻게 변화할까요? 지금까지의 '돈의 역사'를 되짚어보면 중요한 흐름이 하나 보입니다. 돈은 항상 더 편리하게, 더 정확하게, 더 안전하게, 더 빠르게 진화해 왔다는 점입니다.

더 편리하게 무거운 금화에서 종이, 카드 그리고 디지털 결제로!

Keyword: **휴대성**

더 정확하게 무게와 순도를 표준화한 금속 주화부터 소수점까지 계산

가능한 디지털 화폐까지!

Keyword: **가치 측정의 명확성**

더 안전하게 인장에서 홀로그램을 거쳐, 암호 기술까지!

Keyword: **위조 방지**

더 빠르게 대면(얼굴을 마주하는) 거래부터 전 세계 실시간 송금까지!

Keyword: **거래 속도**

그러나 이러한 모든 변화 속에서도, 절대 변하지 않은 핵심이 하나 있습니다. 바로 '신뢰'입니다.

조개껍데기든 금덩이든, 카드든 비트코인이든, 사람들이 그것에 가치를 부여하고 믿지 않는다면 그 어떤 것도 '돈'이 될 수 없습니다. 제아무리 통장에 찍힌 숫자라 해도 사회적 약속이 없다면 무의미한 기호에 불과하겠지요. 이처럼 돈이란, 사람들 사이의 약속 그리고 그 약속이 지켜질 것이라는 신뢰 위에 세워진 개념입니다. 앞으로도 돈의 모습은 계속해서 바뀌겠지만, 그 본질은 달라지지 않을 것입니다.

돈의 역할과 믿음의 마법

❝ 곰곰이 생각해 보면 정말 이상한 일입니다. 우리가 흔히 쓰는 지폐는 특별한 금속이나 보석도 아니고, 사실은 종이 한 장에 불과하잖아요? 그 종이를 만드는 데 드는 재료비는 몇십 원도 채 안 될지 모르고요.

그런데도 사람들은 이 종이를 소중하게 지갑에 넣어 다니고, 은행에 맡기고, 필요한 물건을 살 때 당연한 듯 꺼내 씁니다. 편의점에서 과자를 살 때도, 카페에서 음료를 주문할 때도, 아무도 "이건 그냥 종이잖아요?"라고 말하지 않죠.

그 이유는 단 하나, '믿음'에 있습니다.

우리는 그 종이가 돈으로 통용될 거라는 사회적 약속을 공유하고 있고, 그 약속을 서로 믿기 때문에 아무 의심 없이 받아들입니다. 이처럼 돈이 돈으로 기능하는 것은 신뢰에 기반한 화폐 시스템 덕분입니다.

예를 들어 편의점에서 1,000원짜리 음료수를 사고 1,000원 지폐를 내밀면 사장님은 자연스럽게 그 지폐를 받을 거예요. 왜일까요? 그 지폐를 다른 가게에서 사용할 수 있다는 믿음이 있기 때문입니다.

만약 사장님이 이렇게 생각한다면 어떻게 될까요? '아무도 이 지폐를 안 받아줄 것 같은데?' 그 순간부터 그 지폐는 단순한 인쇄물일 뿐, 더 이상 '돈'이 아닙니다. 실제로 위조지폐가 그렇죠. 아무리 실제 지폐와 비슷하게 보여도, 지폐와 모양이 같은 종이 그 이상도 이하도 아닙니다.

이처럼 돈의 가치는 물질 그 자체에 있지 않습니다. 종잇조각 또는 금속 조각에 불과한 그것에 사회적 약속과 신뢰가 깃들 때, 돈은 가치를 저장하고, 교환하고, 비교할 수 있게 해 주는 놀라운 도구가 됩니다. 41페이지 참고

믿음이 무너진다면, 어떤 일이 일어날까?

만약 어느 날 아침부터 모든 사람이 "○○나라의 지폐는 받지 않겠다!", "이걸로는 아무것도 살 수 없어!"라고 입을 모은다면 어떻게 될까요? 이 나라는 엄청난 혼란에 빠질 것입니다. 지금까지 잘 사용하던 돈이 순식간에 쓸모없는 종잇조각이 되어 버릴 테니까요.

그런데 이런 일이 역사 속에서 실제로 일어난 적이 있습니다.

1923년 독일. 제1차 세계대전 이후, 엄청난 전쟁 배상금과 정치적 불안, 과도한 화폐 발행이 겹치며 독일 경제는 걷잡을 수 없이 무너졌습니다. 그 결과, 극심한 인플레이션, 즉 화폐 가치가 순식간에 떨어지는 초인플레

돈의 세 가지 역할 : 교환, 저장, 가치 측정

돈은 우리 사회를 돌아가게 하는 핵심 수단으로써, 세 가지 중요한 역할을 수행한다.

첫째, 교환의 매개 수단. 우리는 물건을 직접 맞바꾸는 대신, 돈을 내고 물건이나 서비스를 얻는다.

둘째, 가치 저장 수단. 오늘 번 돈을 당장 쓰지 않아도, 나중에 필요할 때 사용할 수 있다. 즉, 돈은 '노동'이나 '시간' 같은 가치를 저장해 주는 기능을 한다. 그래서 저축도 가능한 것이다.

셋째, 가치 측정 단위. 한 물건의 가격이 얼마인지 표시되면, 다른 물건과 비교할 수 있다. 예를 들어 책 한 권이 1만 원이고 과자가 2천 원이라면, 책은 과자 5개의 가치임을 쉽게 알 수 있다. 이처럼 돈은 물건과 서비스의 가치를 숫자로 나타내는 기준이 된다.

이션(하이퍼인플레이션) 181페이지 참고 이 발생했죠. 불과 1년 사이에 빵 한 덩어리의 가격이 160마르크에서 2,000억 마르크로 엄청나게 올랐어요(이를 두고 가격이 '폭등'한다고 해요. 가격이 엄청나게 내려가면 '폭락'한다고 하고요). 사람들은 빵 한 개를 사기 위해 수레에 지폐를 싣고 다녀야 했습니다. 심지어는 돈을 태워서 난방 연료로 쓰는 일마저 벌어졌습니다. 지폐를 태우는 것이 장작을 사는 것보다 저렴했거든요.

이 상황에서 지폐는 아무 힘도 없었습니다. 더 이상 물건을 살 수 있는 교환 수단도 아니고, 가치를 저장할 수 있는 도구도 아니었죠. 종이 이상의 역할을 하지 못하게 된 것입니다.

이처럼 화폐에 대한 사회적 신뢰가 무너지는 순간, 돈은 물질 그 자체(종이, 금속 등)로만 남고 기능은 모두 사라져 버립니다.

이 사례는 우리에게 중요한 사실을 일깨워 줍니다. 돈은 그저 종이나 금속 조각이 아니라, 사람들 사이의 신뢰와 약속을 상징하는 기호라는 점이죠. 사람들이 돈의 가치를 믿고 그 믿음을 공유하며 유지할 때, 비로소 돈은 경제의 핵심 수단으로써 기능합니다.

생각해 보면 놀랍지 않나요? 전 세계 수십억 명의 사람들이 동시에 동일한 약속을 믿고 따르고 있다는 것이요. 이 사실 자체로 '돈'은 인류가 만든 가장 놀라운 협력 시스템 중 하나라고 할 수 있을 것입니다.

개념 키움

명목 화폐

지금 우리가 쓰는 지폐는 실제 금이나 은으로 보장된 것이 아니라, 중앙은행이 발행하고 국가가 가치를 인정해 주는 일종의 약속이다. 이것을 **명목 화폐**(fiat money)라고 한다. 우리나라의 중앙은행은 한국은행이다. 한국의 모든 지폐에는 '한국은행권'이라고 적혀 있다. 이는 "한국은행이 이 종이의 가치를 보장합니다"라는 약속의 표시다. 미국 달러, 일본 엔, 유럽 유로 모두 똑같은 원리로 작동한다. 그렇다면, 만약 다른 나라 돈을 한국에서 쓰려면 어떻게 해야 할까? 정답은 '환전'이다! 나라마다 서로 다른 돈을 쓰고 있으니까, 나라 간에 거래할 때는 '환율'이라는 교환 비율을 정해서 바꿔주는 것이다.

어느 날, 나뭇잎이 돈이 된다면?

어느 날 갑자기 전 세계 사람들이 이렇게 선언한다면 어떻게 될까요?

"앞으로 돈 대신 나뭇잎을 쓰자! 나뭇잎 한 장 = 천 원!"

처음엔 어이없게 들릴지 몰라도, 모두가 그 약속을 믿고 따르기만 한다면 진짜로 나뭇잎이 돈이 될 수도 있습니다. 편의점에서 나뭇잎으로 과자를 사고, 버스를 탈 때도 나뭇잎 한 장을 내밀고, 은행엔 '고급 단풍나무 잎 전용 보관함'이 생기고요.

그런데, 이게 과연 잘 작동할까요?

나뭇잎은 어디서나 쉽게 구할 수 있고, 금방 시들거나 찢어지기도 쉬우며, 누군가 몰래 수천 장을 따서 보관할 수도 있잖아요?

 더 알아볼 것 & 생각해 볼 점

- 돈이 되려면 어떤 조건이 필요할까? / 명목 화폐 42페이지 참고 란 무엇일까?
- '나뭇잎 화폐'가 정말로 작동하려면, 어떤 문제들을 해결해야 할까?
- 우리가 지금 쓰는 돈은 '나뭇잎보다 나은' 어떤 점들을 갖고 있을까?

활동지 작성 TIP 이 사고 실험의 포인트는 돈의 본질이 '신뢰와 제도'라는 것, 그리고 왜 명목 화폐가 가능하고 동시에 왜 위태로운지 곱씹어보는 데 있습니다. "내가 돈이라고 생각하는 물건"을 예로 들어 보고, 그 물건이 진짜 돈처럼 쓰이기 위해 어떤 조건이 필요할지, 또는 어디에서 신뢰가 깨질 위험이 있을지 구체적으로 적어 보면 좋아요.

우리만의 화폐 만들기

이번 주에는 여러분의 집과 교실을 "작지만 특별한 경제 사회"로 만들어 보세요. 돈이 없던 시대처럼 직접 화폐를 만들고, 일의 가치를 정하고, 서로 거래도 해 보는 겁니다. 이 활동을 통해 '신뢰'와 '가치'가 어떻게 연결되는지 느껴볼 수 있습니다.

가족 화폐 실험실 : 우리 집이 은행?!

1단계 : 화폐 디자인하기

- 가족만의 특별한 이름 정하기(김가네코인, 우리집머니 등)
- 색종이나 두꺼운 종이로 지폐 만들기 / 1, 5, 10, 50 단위로 4종류 제작
- 위조 방지를 위한 특별한 표시 넣기(가족 서명, 특수 스티커 등)

2단계 : 교환 비율 정하기

- 예시 : 집안일 1시간 = 10화폐, 심부름 1번 = 5화폐, 설거지 = 3화폐 등

3단계 : 일주일 실험하기

용돈 대신 우리 집 화폐로만 거래하면서, 어떤 불편함과 장점이 있는지 관찰해 보세요!

학급 화폐 프로젝트 : 우리 반 경제를 설계하라!

1단계 : 민주적 화폐 제작

- 반 전체가 모여 화폐 이름을 투표로 정하기

- 디자인 공모전 후, 투표로 선정된 디자인으로 화폐 제작

2단계 : 보상의 기준 만들기 *보상뿐 아니라 벌금도 정해 볼 수 있음

- 숙제 완성 = 5코인, 교실 청소 = 10코인, 지각 = -5코인 등

3단계 : 학급 경제 운영

2주간 학급 화폐로 다양한 특권과 보상, 특권 구매 등을 운영해 보세요.

✔ CHECK POINT!

우리가 만든 화폐가 잘 돌아갔나요?   예 □   아니오 □

규칙이 없거나 신뢰가 깨지는 순간이 있었나요?   예 □   아니오 □

누군가 신뢰를 지키지 않았을 때 문제가 생겼나요?   예 □   아니오 □

우리가 지금 쓰는 돈은 어떻게 이런 문제를 해결하고 있을까요?

____

진짜 사회의 경제 제도와 어떤 점이 닮아 있었나요?

____

벌고, 쓰고, 모은다!
경제 활동의 3요소

▷ 이번 시간
유튜브 영상 보기

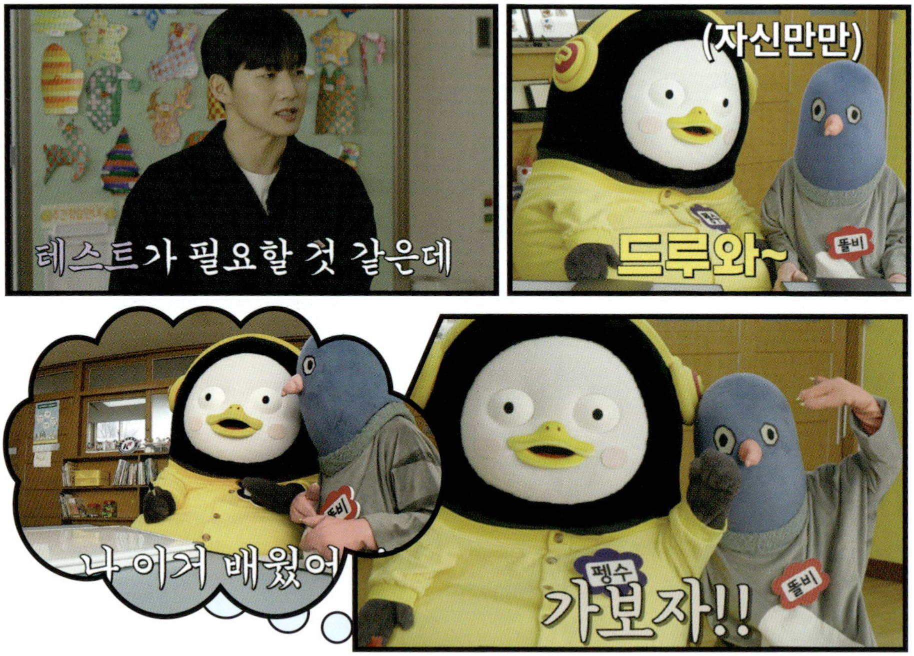

**개념
키움**

경제 활동

필요한 물건이나 서비스를 만들고, 사고파는 등 우리가 살아가면서 돈과 관련해 하는 모든 행동을 말한다. 예를 들어 돈을 벌어서 생활비 등을 마련하는 것도, 용돈을 받아 옷이나 게임을 사거나 ⋯⋯

펭수야~ 학교 가자! 1

“돈의 역사, 생각보다 안 어려운데요?”

똘비의 말에 펭수도 목소리를 높였다.

“완전 상식이었어~. 이미 다 아는 걸 또 배웠어.”

그러자 명석 쌤이 의미심장한 미소를 지으며 말했다.

“그럼 기초 지식 테스트를 해 봐도 될까? 자신 있어?”

쌤의 도발에 둘은 의기투합하여 외쳤다!

“아, 지식 하면 저희죠.”

“당연하죠. 가 보자!!”

“첫 번째 문제. 어린이도 경제 활동에 참여할 수 있다, 없다?”

“없다!” 똘비가 속삭이듯 펭수에게 귓속말했다. “어린이는 돈도 없고, 일도 못 하잖아요.”

“아니야, 있어! 나 이거 예전에 배웠어! 용돈 받아서 뭐 사는 것도 경제 활동이라고 했었는데!”

“어, 정말요? 기억하고 있는 거 맞아요?”

의심스럽다는 듯한 똘비의 반응에, 펭수가 가슴을 펴며 외쳤다.

“자신 있어. 정답은… 오(○)!”

좋아하는 아이돌의 앨범을 사는 것도 모두 경제 활동에 해당한다. ●

"정답입니다!"

명석 쌤의 밝은 목소리에 둘은 "야호!" 하며 하이파이브를 나눴다.

"두 번째 문제. 용돈은 받는 대로 다 써도 된다? 다 쓰면 안 된다?"

"오! 완전 그렇죠!" 펭수가 손을 번쩍 들며 말했다. "용돈은 내 맘이지! 자유롭게 쓰는 돈!"

"안 돼요, 안 돼요! 계획적으로 써야죠!" 똘비는 부리나케 외치며 펭수의 팔을 잡아끌었다. "그렇게 다 쓰면 나중에 정말 필요할 때 돈이 없잖아요!"

방금 전의 의기투합은 어디로 가고, 펭수와 똘비는 옥신각신하기 시작했다.

둘을 번갈아 보던 쌤이 고개를 흔들며 말했다.

"정답은 엑스(X)!"

"봐요! 제 말이 맞았다니까요!" 똘비가 돌아앉으며 짜증 내자, 펭수가 투덜대듯 말했다. "아니, 왜! 용돈인데!"

"자, 마지막 문제! 매달 일정한 돈을 저축하기 위해서는 정기 예금을 들어야 한다?"

이번엔 똘비가 먼저 대답했다.

"적금이에요, 적금! 매달 넣는 건 적금이라고 배웠어요!"

"아니야. 저금이지, 저금! 이름부터가 '저'금인데!" 펭수는 고집을 꺾지 않으며 "저축의 '저'자를 보라고요!" 하고 덧붙였다.

"정답은 엑스(X)! 정기 예금이 아니라 정기 적금이야."

쌤이 답을 말하자, 펭수는 입을 삐죽 내밀며 팔짱을 꼈다.

"예금은 뭐고 적금은 또 뭐예요? 누가 이름을 이렇게 지었어요?"

쌤은 두 친구의 모습을 보고, 빙그레 웃으며 말했다.

"좋아, 그럼 기초부터 하나씩 정리해 보자. 첫 번째 문제에서 나왔던 '경제 활동'이라는 말, 기억하지? 펭수가 말한 '돈을 쓰는 것'도 경제 활동이긴 한데, 그게 전부는 아니야."

"그럼 또 뭐가 있어요?"

펭수가 호기심 가득한 눈빛으로 물었다.

"돈을 쓰려면 먼저 벌어야겠지?"

"그렇죠, 돈은 그냥 하늘에서 떨어지는 게 아니니까요."

똘비가 고개를 끄덕이며 맞장구쳤다.

"맞아. 그리고 다 쓰지 않고 일부는 저축도 해야지. 이 세 가지, 즉 '벌고, 쓰고, 모으는 것'이 바로 경제 활동의 기본이야."

첫 번째 요소 : 소득 = 벌기

❝ 우리는 살아가기 위해 숨을 쉬고, 밥을 먹고, 잠을 잡니다. 이 같이 생존에 꼭 필요한 활동만큼 중요한 것이 하나 더 있습니다. 바로 돈을 벌고 쓰는 경제 활동입니다.

경제 활동은 크게 세 가지로 나눌 수 있습니다. 소득, 소비, 자산 형성입니다. 좀 더 쉬운 말로 표현하자면 '벌기, 쓰기, 모으기'죠. 이 세 가지는 따로 떨어진 개념이 아니라, 서로 연결되어 순환하는 경제 생활의 기본 구조입니다.

먼저 소득, 즉 벌기에 대해 생각해 봅시다.

소득이란 단지 '돈이 들어오는 것'만을 의미하지 않습니다. 우리가 경제 활동을 통해 얻는 현금과 현물을 포함한 모든 경제적 이익이 바로 소득입니다.

그렇다면 어떤 경제 활동이 소득을 만들어 낼까요? 물론 복권에 당첨되거나 은행 이자를 받는 것도 소득이긴 하지만, 더 본질적인 소득은 '가치 창출'에서 비롯됩니다. 개인과 기업은 모두 가치를 창출함으로써 소득을 얻어요.

가치 창출이란, 사회적으로 유익하다고 인정받는 활동, 예컨대 사람들에

게 필요한 것을 만들어 내거나, 문제를 해결하거나, 다른 사람들을 의미 있
는 방식으로 돕는 것을 말합니다. 이 같은 행동이 사회에 실질적인 도움을
줄 때, 우리는 그에 대한 보상으로 소득을 얻게 됩니다.

경제학에서는 소득을 다음의 네 가지로 분류합니다.

그림 2 소득의 종류

한 사람이 동시에 여러 소득을 가질 수도 있습니다. 어느 직장인의 예를

들어 볼게요. 그는 회사에서 일하여 월급(근로 소득)을 받고, 취미 삼아 만든 수공예품을 온라인 상점에서 판매해 수입(사업 소득)도 올립니다. 또한 매달 투자한 주식에서 배당금(재산 소득)이 들어오고, 명절에는 부모님으로부터 용돈(이전 소득)도 받고 있죠.

소득은 어떻게 변할까?

사람의 소득은 삶의 단계에 따라 달라집니다. 중고등학생 때는 주로 용돈(이전 소득)을 받지만, 대학생이 되면 아르바이트(근로 소득)를 통해 돈을 벌기도 해요. 이후 직장을 다니며 월급을 받다가, 창업을 통해 사업 소득을 얻을 수도 있습니다. 여유가 생기면 저축이나 투자로 재산 소득을 늘릴 수도 있고요. 이처럼 소득은 고정된 것이 아니며, 어떤 소득을 어떻게 만들어 내느냐에 따라 삶의 방식과 경제적 안정성도 달라집니다.

많은 사람들이 돈을 많이 버는 것을 성공이라고 생각합니다. 하지만 진짜 중요한 건 '얼마나 많이 벌었느냐'보다 '얼마나 꾸준히 벌 수 있느냐'예요.

한 번에 100만 원을 벌고 그다음 수입이 없다면, 생활은 곧 어려워질 수 있습니다. 반대로 매달 일정한 수입이 들어온다면, 그 금액이 작더라도 계획적인 소비와 저축이 가능하죠.

두 번째 요소 : 소비 = 쓰기

❝ '소비'란 정확히 무엇일까요? 경제학에서 소비는 재화나 서비스를 구입하고 이를 사용하는 과정을 뜻합니다. 편의점에서 과자를 사 먹는 것도 소비이고, 병원 진료를 받고 진료비를 지불하는 것도 소비입니다. 넷플릭스 구독료를 내는 것도, 친구의 선물을 구입하는 것도 모두 소비에 해당하죠.

이처럼 소비는 생활 전반에 걸쳐 반복적으로 일어나는 기본 행위이며, 누구나 소비자로서 경제의 한 구성원이 되어 사회에 참여하게 됩니다.

종종 소비를 부정적으로 생각하는 분들이 있는데요, 사실 소비는 사회를 움직이는 핵심적인 경제 활동이에요. 심장이 온몸으로 피를 보내듯, 소비는 돈이라는 경제의 혈액을 사회 곳곳으로 순환시키는 역할을 한답니다.

소비의 두 얼굴 : 필수재와 선택재

우리가 소비하는 대상은 그 목적과 필요에 따라 크게 두 가지로 나눌 수 있어요. 필수재와 선택재가 그것입니다.

필수재는 생존과 기본적인 생활 유지에 반드시 필요한 재화나 서비스입니다. 구체적인 예를 들어 볼까요? 쌀·김치·달걀 같은 기본 식료품, 세면용품, 아파트 관리비, 겨울 외투나 속옷 같은 필수 의류 같은 의식주에 필요한 것들은 당연히 필수재입니다. 수도·전기·가스 요금, 휴대폰 기본 요금, 대중교통비, 약값이나 병원비 등도 필수재죠.

이처럼 필수재는 '없으면 안 되는' 특성을 지닙니다. 식재료 값이 아무리 올라도 굶을 수 없고, 전기요금이 인상되어도 전기 없이 살 수는 없습니다. 경제학에서는 이를 '비탄력적 수요'라고 부르는데, 가격이 변해도 사용하는 양이 크게 변하지 않는다는 뜻입니다.

그에 비해 선택재는 삶에 색깔을 더하는 기호품들이라고 할 수 있어요. 삶을 더 편리하고 즐겁게 만들지만, 없어도 생존에는 지장이 없는 재화나 서비스입니다. 술과 담배, 고급 가방, 네일아트, 영화나 콘서트 티켓, 유튜브 프리미엄 같은 다양한 구독 서비스, 게임, 해외여행 등등이 이에 속하죠.

이러한 선택재들에는 공통점이 있습니다. 첫째, '있으면 좋은' 특성을 가진다는 것입니다. 둘째, 개인의 소득 수준과 취향, 우선 순위 등에 따라 소비 여부가 달라집니다. 커피값이 오르면 집에서 커피를 마시고, 영화표가 비싸면 집에서 영화를 보는 식으로 대체할 수 있는 무언가가 있고, 그 무언가를 찾기도 쉽습니다. 그 대신 가격이 크게 변화할 수 있죠. 이를 경제학적으로는 '탄력적 수요'라고 하는데, 고무줄처럼 가격 변화에 수요량이 민감하게 반응한다는 의미입니다.

시대와 함께 변하는 소비의 성격

흥미롭게도 필수재와 선택재의 경계는 고정되어 있지 않습니다. 시간이 지나며 강의 물줄기가 바뀌듯, 시대에 따라 소비재의 성격도 변화합니다.

스마트폰을 떠올려 보세요. 20년 전에 스마트폰은 사치품이었답니다. 대부분의 사람들은 2G폰(음성 통화, 문자 메시지, 저속 데이터 통신 등만 가능했던 2세대 이동통신 휴대폰)을 쓰고 몇몇 얼리어답터들만 스마트폰을 사용했어요. 하지만 지금은 업무, 교육, 금융 거래, 사회관계까지 모든 것이 스마트폰을 통해 이루어집니다. 코로나19 시대를 지나면서 인터넷과 노트북은 재택 근무와 온라인 수업의 필수품이 되었고요.

반대로 유선 전화기와 팩스는 과거에는 필수재였으나, 지금은 거의 사라졌습니다.

개인차도 큽니다. 음악가에게 악기는 필수재이지만, 일반인에게는 취미

용품입니다. 당뇨병 환자에게 혈당 측정기는 생명과 직결된 필수재이지만, 건강한 사람에게는 불필요합니다. 도시 직장인에게 지하철 카드는 필수재이지만, 시골 농부에게는 선택재일 수 있습니다.

이처럼 소비의 성격은 개인의 상황, 사회의 발전 수준, 문화적 가치에 따라 달라집니다. 중요한 것은 자신에게 무엇이 꼭 필요한 소비인지 판단하는 기준을 갖는 일입니다.

나비처럼 퍼져나가는 소비의 힘 : 총수요

한 사람의 소비는 개인적인 선택이지만, 모든 사람의 소비가 모이면 그것은 사회 전체의 경제 흐름에 영향을 미친다. 개미 한 마리는 작지만, 개미 떼가 모이면 코끼리도 쓰러뜨릴 수 있듯이 개인의 소비가 모여 경제 전체를 움직이는 거대한 힘이 되는데, 이것을 총수요(aggregate demand)라고 한다.

총수요는 한 국가에서 일정 기간 동안 이루어진 가계, 기업, 정부 등의 모든 소비를 합한 것이다. 이 중에서도 가계 소비는 국내총생산(GDP)의 가장 큰 비중을 차지하며, 한국의 경우 가계 소비가 GDP의 약 절반에 이른다. 즉, 사람들이 얼마나 많이, 어떤 방식으로 소비하느냐에 따라 기업의 생산 계획이 결정되고, 일자리 창출 규모가 정해지며, 새로운 투자 여부가 결정되는 것이다. 나아가 국가 전체의 경제 성장률과 물가 수준에도 직접적인 영향을 미치게 된다.

세 번째 요소 : 자산 형성 = 모으기

❝ 소득을 얻고, 소비를 했다면 그다음에는 어떤 일이 필요할까요? 남은 돈을 잘 모아야겠죠. 이것이 '자산 형성'입니다.

자산 형성이란, 현재의 소득 중 일부를 저축하거나 투자하여 미래를 준비하는 경제 활동을 말합니다. 지금 당장은 필요하지 않지만, 앞으로의 삶에 대비하기 위한 준비라고 할 수 있습니다. 이 과정이 있어야만 예기치 않은 상황에 대응하고, 더 나은 삶을 위해 계획적인 선택을 할 수 있어요.

이는 면역력에 비유할 수 있는데요. 면역이 있어야 건강을 지킬 수 있듯, 자산은 우리의 경제적 면역력이 되어 인생의 여러 시련과 기회를 헤쳐 나갈 힘이 되어 준답니다.

왜 자산을 형성해야 할까? : 인생의 복병들과 기회들

혹시 이런 경험이 있었나요? 친구의 생일 선물을 사야 하는데 지갑이 텅 비었다거나, 갑자기 휴대폰이 고장 났는데 수리비가 없어 당황했다거나, 좋아하는 아티스트의 콘서트 티켓이 나왔는데 돈이 모자라서 포기해야 했던 일이요. 이처럼 예기치 않은 상황은 삶의 복병처럼 언제든 찾아올 수 있습니다.

반대로 좋은 기회들도 예고 없이 나타나는 법이죠. 평소 꿈꿨던 단기 유학 프로그램에 참가할 기회가 주어졌다거나, 평생 한 번 올까 말까 한 이벤트에 당첨되어 그 대가로 세금을 내야 하는 등의 일이요.

이런 예상치 못한 지출과 절호의 기회에 대비하려면, 지금의 소비 중 일부를 잠시 미루고 자산을 모아야 합니다.

벌-쓰-모의 황금 순환

'벌기'가 경제적 에너지를 만들고, '쓰기'가 그 에너지를 사용하는 일이라면, '모으기'는 그 에너지를 다음 단계로 저장하고 확장하는 과정입니다. 마치 발전소가 전기를 만들고(벌기), 가정에서 그 전기를 사용하며(쓰기), 배터리에 저장해 뒀다가(모으기) 필요할 때 활용하는 것과 같습니다.

이 세 가지는 따로 떨어진 행동이 아니라, 서로 맞물리며 개인의 경제 생활을 지탱합니다. 하나라도 빠지면 경제 생활의 균형이 깨지게 되죠. 세 가지가 조화롭게 돌아가야 비로소 안정적이고 풍요롭게 살 수 있습니다.

커피 한 잔이 경제를 바꾼다면?

매일 아침과 점심, 같은 카페에서 커피를 사던 사람이 있습니다. 그가 어느 날 아침부터 더는 카페에서 커피를 사지 않기로 결심했어요. 사소한 선택처럼 보이는 이 행동은 경제에 어떤 영향을 줄 수 있을까요?

이 사람이 소비를 멈추면 ⇨ 카페 매출이 줄어듭니다. ⋯▸ 매출이 줄면, 아르바이트생의 근무 시간이 줄어들 수도 있겠죠. ⋯▸ 근무 시간이 줄어든 아르바이트생은 자신의 소비를 다시 줄이게 되고, ⋯▸ 이렇게 줄어든 소비는 또 다른 가게의 매출에도 영향을 줄 수 있어요!

 더 알아볼 것 & 생각해 볼 점

● 나의 '소비 한 번'이 경제 전체에 어떤 영향을 미칠 수 있을까?

● 소비를 멈추는 것이 항상 나쁜 걸까? 필요한 소비와 불필요한 소비는 어떻게 구분할 수 있을까?

● 내가 아끼는 것이 경제에 어떤 영향을 미칠 수 있을까?

● 반대로, 과도한 소비는 어떤 부작용을 낳을까?

활동지 작성 TIP 이 사고 실험의 목적은 '한 사람의 소비가 경제의 출발점일 수 있다'는 구조적 사고를 유도하는 데 있습니다. 또한 경제가 순환 구조라는 것, 소비는 나만의 문제가 아니라 경제 전체와 연결된 사회적 행위라는 사실에 초점을 맞추고, 일상 속 소비를 출발점으로 상상력을 발휘해 보세요!

내가 설계하는 일주일 경제 생활

"그동안 나는 아무 계획 없이 용돈을 쓰고 있었던 거야….
이제는! 제대로 벌고, 쓰고, 모으는 부자의 루틴을 만들어 보겠어!"

실제 나의 소득-소비-자산 형성 구조를 점검하고, 일주일의 경제 생활을 계획해 봅시다.
이는 경제 활동을 주도적으로 설계하는 훈련이에요. 돈을 의식적으로 벌고 쓰고 모으기
시작하는 순간부터 우리는 '계획하는 부자'가 될 수 있습니다!

일주일 경제 생활 노트 작성하기

1단계 : 일주일 예상 소득 파악하기

● 예상 소득 : 고정(정기) 용돈, 성과 용돈(각종 보상의 대가로 받은 용돈), 특별 수당(명절, 생
일 등에 받는 돈), 기타 수입(중고 물품 판매, 재능 나눔 등) 등

예상 총 수입 : ______________원

2단계 : 지출 계획 세우기 *우선순위별

● 필수 지출 : 교통비, 학업 관련(참고서 등), 식비, 통신비 등

필수 지출 합계 : ______________원

● 선택 지출 : 간식·음료 구매, 취미(포카, 굿즈, 게임 아이템 등), 구독 서비스, 친구들과의

활동 등

선택 지출 합계 : ________________원

● 의미 있는 지출 : 가족·친지·친구 선물, 기부나 후원, 자기계발(책, 강의 등) 등

의미 지출 합계 : ________________원

실제 소비 기록하기 (예시 표)

날짜	지출 내역	금액	분류	만족도
2월 11일	유진 생일 선물	12,000원	필수 □ 선택 □ 의미 ☑	★★★★☆
			필수 □ 선택 □ 의미 □	☆☆☆☆☆
			필수 □ 선택 □ 의미 □	☆☆☆☆☆
			필수 □ 선택 □ 의미 □	☆☆☆☆☆

저축 및 자산 형성 계획

● 저축 방법 : 저금통이나 금고, 부모님께 맡기기, 통장, 금융 기관 앱 등

단기 목표 금액 : ________________원 / 장기 목표 금액 : ________________원

일주일 후 소비 분석 및 평가

계획과 실제 비교

계획 총 지출 : ________________원

실제 총 지출 : ________________원

차이 : ____________원 (초과 □ 절약 □)

소비 패턴 분석

● 가장 만족스러웠던 소비 세 가지

● 후회되는 소비가 있다면 그 이유는? / 예상 못한 지출이 있었다면 앞으로의 대비책은?

✓ CHECK POINT!

아래 항목들을 점검한 후, 몇 가지에 체크했는지 세어 보세요. 체크한 항목을
각 1점씩으로 계산하면 됩니다!

물건을 사기 전에 "정말 필요한가?"라고 항상 스스로에게 물어본다. ☐

충동 구매를 하지 않고 하루 정도 생각해 본 후 구매한다. ☐

비슷한 상품의 가격을 비교해 보고 구매한다. ☐

내 예산 범위 안에서 소비한다. ☐

용돈을 받으면 바로 지출 계획을 세운다. ☐

매일 얼마를 썼는지 기록하고 있다. ☐

남은 용돈이 얼마인지 항상 파악하고 있다. ☐

예상보다 많이 썼을 때는 원인을 분석한다. ☐

정해진 저축 목표 금액을 꾸준히 모으고 있다. ☐

저축하는 이유와 목적을 명확히 알고 있다. ☐

용돈을 받으면 먼저 저축할 돈을 따로 빼둔다. ☐

저축 목표 달성을 위해 불필요한 소비를 줄이려고 노력하는 편이다. ☐

큰 소비를 하기 전에 부모님과 상의한다. ☐

친구들과 돈에 관한 건전한 대화를 나눈다. ☐

경제 뉴스나 금융 상식에 관심이 있다. ☐

실수한 소비에 대해 반성하고 다음엔 개선하려고 노력하고 있다. ☐

12개 이상	훌륭한 경제 습관을 가지고 있어요!
8~11개	좋은 습관을 기르고 있네요! 조금만 더 노력해 봅시다!
4~7개	경제 습관을 기르는 중이에요! 하나씩 개선해 나가면 됩니다.
3개 이하	새로운 경제 습관을 만들어 가는 시작점이군요. 응원합니다!

용돈으로 배우는
생애 첫 금융 입문

▷ 이번 시간
유튜브 영상 보기

개념 키움

금융 활동

개인이나 기업, 정부가 돈을 모으고 사용하고 관리하는 모든 활동을 말한다. 예를 들어 은행에서 대출을 받아 집을 사는 일도, 은행에 저축을 하거나 주식에 투자하는 일 등도 모두 금융 활동이다.

"이제 벌-쓰-모를 실습해 볼 차례야! 하지만 지금 당장 펭수와 똘비가 나가서 돈을 벌어 올 수는 없는 일이니, 일단 쌤이 용돈을 지급해 줄게. 하지만 공짜로는 안 되겠지? 내 얼굴을 멋지게 그리면 용돈을 주겠어!"

명석 쌤의 말에 둘은 한동안 그림을 그리는 데 몰두했다. 특히 펭수는 거의 피카소에 빙의한 듯 초 진지한 모습이었다. (둘의 그림은 유튜브 영상에서 확인할 수 있으니, 시청하려면 앞 페이지의 QR코드를 스캔하기!)

그리고 얼마의 시간이 지난 후.

"자, 약속한 대로!" 명석 쌤이 두툼한 봉투 두 개를 꺼내며 말했다. "펭수, 똘비! 내 캐리커처를 예쁘게(?) 그려줬으니 용돈을 줄게!"

펭수와 똘비가 신이 나서 봉투를 낚아챘다.

"와아아~, (잠시 정적) 진짜 1만 원이에요?"

봉투를 연 순간, 둘의 표정이 굳었다.

"이거 가짜잖아요?"

"이렇게 돈으로 장난치시면…, 저희 가만 안 있어요!"

명석 쌤은 당황하며 손사래를 쳤다.

"아니야, 아니야! 그게 아니고 수업 자료야! 진정하고 좀 앉아 봐."

말은 또 잘 듣는 펭수.

"똘비야, 문 잠가라. …앉겠습니다."

명석 쌤이 말했다.

"사실 이건 수업이야. 앞으로 일주일 동안 1만 원을 어떻게 쓸지 계획을 세워보는 실습이지."

"잠시만요? 1만 원으로 일주일을요?" 펭수가 멍한 표정을 짓자, 똘비가 한숨을 쉬었다. "요즘 세상 물정 모르시네⋯."

그래도 과제는 과제. 두 친구는 투덜대면서도 고민에 빠졌다.

"1만 원, 1만 원이라니⋯!"

짜증 섞인 목소리지만, 진지한 눈빛이다.

잠시 후.

"다 했습니다!"

펭수가 당당히 계획표를 내밀었다.

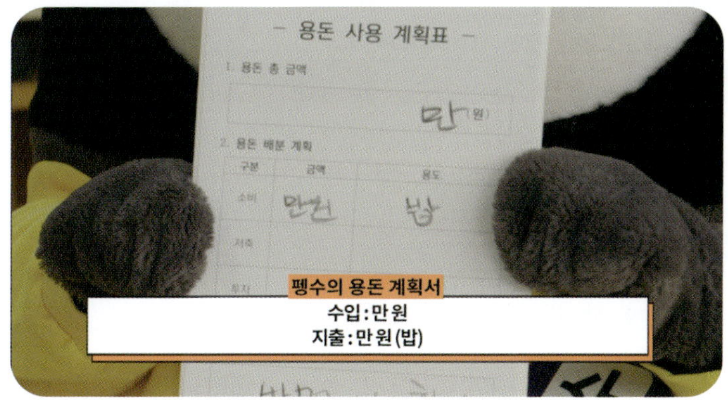

명석 쌤은 당황한 표정이다.

"수입 1만 원, 지출 1만 원, 밥. 이게 다야?"

"네. 아침, 점심, 저녁 먹으면 끝이죠. 여백의 미입니다."

"물론 밥이 중요하지. 그런데 우리가 사고가 나거나, 갑자기 돈이 더 필요할 상황이 생기면?"

"그럼 굶어요?"

"그건 아니고…, 절약이나 저축 같은 계획도 함께 필요하단 얘기야. 흠흠. 그럼 똘비는?"

똘비가 기다렸다는 듯 계획표를 펼쳐 보였다.

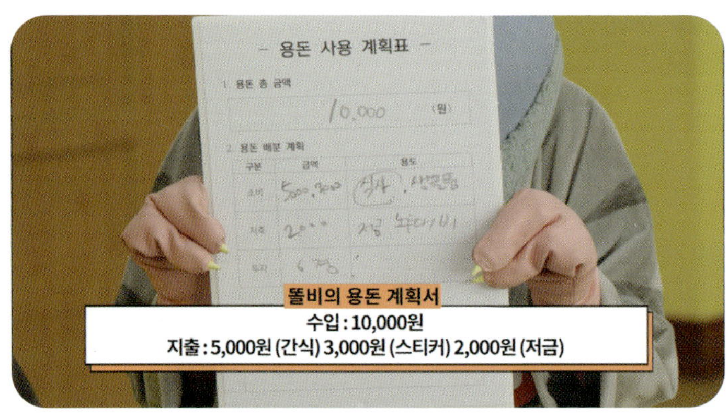

"오! 소비도 나눴고, 저축도 했네. 그 2,000원은 어디에 저금할 거야?"

"꼬깃꼬깃 접어서 저금통에 넣어야죠."

"저금통도 좋지만, 은행에 맡기면 이자가 생긴단다."

쌤의 말을 들은 펭수가 다시 손을 들었다.

"쌤! 적금이랑 예금은 뭐가 다른 거예요?"

"좋은 질문이야! 하지만 그에 앞서서 돈을 저금통에 보관하는 것과 은행에 보관하는 것의 차이부터 알아볼까?"

저금통과 은행, 돈을 보관하는 방식이 다르다!

❝ 어릴 적, 저금통에 동전을 하나씩 넣어 본 경험이 있나요? 딸랑딸랑 소리가 들릴 때마다 뿌듯했던 기억이 있을 거예요. 하지만 저금통 속에 든 동전은 시간이 지나도 그대로입니다. 늘어난 것도, 줄어든 것도 없이 단순히 '보관'되어 있을 뿐이죠.

그런데 은행에 돈을 넣으면 조금 다릅니다. 은행에 돈을 맡기면 시간이 지남에 따라 '이자'라는 보상이 생기고, 필요할 때는 언제든 안전하게 꺼낼 수 있으며, 용도에 맞게 자동으로 관리할 수도 있어요.

이처럼 돈을 모으는 방식에는 차이가 존재합니다. 그 차이는 단순한 보관의 차원을 넘어 '돈이 일하도록 만들 수 있는가'의 여부로 이어집니다. 이는 경제학에서 말하는 '자본의 효율성' 68페이지 참고 과 직결되는 개념이에요.

많은 사람이 은행을 단순한 '돈 보관소'로 생각하지만, 사실 은행은 훨씬 복잡하고 중요한 역할을 합니다. 금융 중개 기관(financial intermediary)으로서 돈을 저축하는 사람(자금 잉여 주체)과 돈이 필요한 개인이나 기업(자금 부족 주체)을 연결해 주는 다리 역할을 하거든요.

자본의 효율성

기업이나 경제 주체가 가진 자본(돈, 기계, 건물 등)을 얼마나 잘 활용해서 최대한의 성과를 얻어 내는지를 나타내는 개념이다. 쉽게 말해, 같은 양의 자본으로 더 많은 이익을 만들어 내는 능력을 의미한다.

좀 더 구체적으로 알아보자. 자본의 효율성은 투입한 자본 대비 얻은 성과의 비율로 측정된다. 예를 들어 A 회사와 B 회사가 각각 100억 원을 투자했는데, A 회사는 10억 원의 이익을, B 회사는 5억 원의 이익을 얻었다면 A 회사가 자본을 더 효율적으로 사용했다고 할 수 있다.

자본의 효율성이 중요한 이유는 무엇일까? 한정된 자원을 가장 생산적으로 활용하는 것이 경제 발전의 핵심이기 때문이다. 효율성이 높을수록 같은 자본으로도 더 많은 일자리를 만들고, 더 좋은 제품을 생산하며, 결국 사회 전체의 생활 수준을 향상시킬 수 있다. 반대로 자본의 효율성이 낮으면 자원의 낭비가 발생하게 된다.

	저금통	은행
보관 방식	집에 물리적으로 보관	금융 기관의 전산망을 통해 보관
안전성	분실·도난 위험 있음	법적 보호 + 비밀번호, 이중 인증 등 보안 시스템
이자	없음	일정한 이자 수익 발생
접근성	현금만 입출금 가능	카드, 앱, ATM 등 다양한 방식 가능
저축 습관화	눈에 보이는 재미는 있으나 관리가 어려움	자동 이체, 가계부 연동 등 체계적 관리 가능

표1 저금통과 은행, 무엇이 다를까?

간단히 설명해 볼게요. 은행은 예금자들이 맡긴 돈을 대출자에게 빌려주고, 그 댓가로 대출자로부터 받은 이자를 예금자에게 나누어 주는데요. 그래서 일반적으로 대출 금리가 예금 금리가 높아요. 이때 대출 금리와 예금 금리의 차이, 즉 '금리 차익'이 생겨요. 이것이 은행의 주요 수익원인 동시에 예금자들에게 이자를 줄 수 있는 원동력이죠. 이와 더불어 대출 심사와 신용 평가, 담보 설정 등을 통해 대출의 위험성을 관리하는 역할도 합니다.

물론 은행이 예금자에게 제공하는 이자율이 높지는 않지만, '돈이 시간 속에서 움직인다.'라는 경험을 처음 시작하기에 은행만큼 좋은 출발점도 없답니다.

"은행에 저축을 하면 → 돈이 법적으로 보장되는 안전한 곳에 보관되고,
→ 그 돈이 누군가에게 필요한 자금이 되며,
→ 우리는 금융 시스템 참여에 대한 대가로
작지만 안정적인 보상을 받게 되는 거야!"

예금 vs. 정기 예금 vs. 적금

❝ 돈을 은행에 맡기면 이자를 받을 수 있다는 사실을 알게 된 펭수! 그러자 "은행에 저축하는 방법 중 가장 좋은 건 뭘까?"라는 궁금증이 들었다고 해요. 쌤은 아주 뿌듯했답니다. 이런 질문은 똑똑한 경제 주체로서 내 돈을 가장 효과적으로 활용하려는 경제학적 사고의 시작이거든요.

은행에는 다양한 저축 상품이 있지만, 특히 헷갈리기 쉬운 것이 예금, 정기 예금, 적금입니다. 모두 돈을 은행에 맡기는 행위이지만 돈을 맡기는 방식, 목적, 이자 계산법까지 전혀 다릅니다.

세 개념을 정확히 구분하지 못하면 은행에서 상담받을 때 엉뚱한 상품에 가입하거나, 자신의 목적에 맞지 않는 선택을 할 수 있어요. 그러니 각각의 특성과 차이점을 명확히 알아볼 필요가 있겠죠?

너무나 익숙한 말, 예금! 예금에도 종류가 있다

가장 먼저 알아야 할 개념은 '예금'입니다. 예금은 은행에 돈을 맡기는 모든 행위를 가리켜요. '교통 수단'이라는 말이 자동차, 기차, 비행기를 모두 포함하는 것처럼 예금도 여러 종류의 금융 상품을 아우르는 상위 개념이라 할 수 있어요.

학생이 용돈이나 아르바이트비를 청소년 통장에 보관하는 것도, 직장인이 월급을 급여 통장으로 받아 관리하는 것도 예금의 일종입니다. 기업이 법인 명의 통장으로 매출 대금을 받는 것도 모두 예금 활동에 해당합니다.

한 마디로, 예금은 '금융 기관에 자금을 예치(돈이나 물건 등을 일정한 곳에 맡겨두는 것)하고 그 대가로 이자를 받는 행위'예요. 이때 중요한 것은 처음에 맡긴 돈(원금)을 잃을 걱정 없이 안전하게 보관할 수 있으며, 동시에 미리 약속된 이자율에 따라 일정한 이자 수익을 확실하게 받을 수 있다는 점입니다. 이는 주식이나 펀드 같은 투자 상품과 확실하게 구별되는 핵심 특징이에요.

예금은 크게 두 가지로 나뉩니다. 이 분류는 돈을 언제 찾을 수 있느냐, 즉 유동성 73페이지 참고 의 차이에 따른 것입니다.

첫 번째는 요구불(要求拂) 예금입니다. 언제든 고객이 '요구'하면 바로 지'불'해야 하는 예금이죠. 즉, 예금자가 언제든지 돈을 찾을 수 있는 예금을 말합니다. 대표적인 예가 우리가 평소 사용하는 입출금 통장(보통 예금)이나 청소년 자유 예금 계좌입니다. 편의점에서 과자를 사거나 친구에게 돈을 빌려줄 때, 혹은 갑자기 교통카드를 충전해야 할 때 언제든 돈을 찾을 수 있죠. 대신 이런 높은 유동성의 대가로, 이자는 거의 받지 못합니다. 연 0.1% 수준으로 사실상 이자가 없는 것과 마찬가지입니다.

두 번째는 저축성 예금입니다. 일정 기간 돈을 맡기고, 그 기간이 끝난 후에 원금과 이자를 함께 받는 것입니다. 유동성을 포기하는 대신 예금보다 상대적으로 이자가 높아요. 여기에 정기 예금과 적금이 포함됩니다.

요구불 예금과 저축성 예금 사이에 이자 차이가 나는 이유는 무엇일까요? 사람들은 일반적으로 돈을 자유롭게 사용할 수 있는 상태를 선호해요. 그런데 저축성 예금에 돈을 넣으면, 흔히 표현하듯 '돈이 묶이게' 되죠. 대신 은행 입장에서는 언제까지 보관하면 되는지 확실하게 알고, 오랜 기간 돈을 보관할 수 있어서 안정적으로 운용하기 편해요.

즉, 은행은 자금을 안정적으로 확보하는 대가로 더 높은 이자율을 제공하고, 예금자들은 유동성을 포기하는 대가로 더 높은 이자를 받는 것입니다.

유동성

자산을 가치 손실 없이 얼마나 빠르고 쉽게 현금으로 바꿀 수 있는지를 나타내는 개념으로, 쉽게 말해 '돈으로 바꾸기 쉬운 정도'라고 할 수 있다. 유동성이 높은 자산은 현금, 예금, 주식 등으로 언제든지 빠르게 현금화할 수 있다. 유동성이 낮은 자산은 부동산, 미술품, 골동품 등으로 자산을 팔기까지 시간이 오래 걸리는 것들이다. 유동성은 개인과 기업에 매우 중요하다. 충분한 유동성을 확보해야 갑작스러운 상황에 대처할 수 있고, 투자 기회가 생겼을 때 빠르게 자금을 조달할 수 있기 때문이다. 반면 유동성이 부족하면 위기 상황에서 어려움을 겪을 수 있다. ●

정기 예금과 적금, 무엇이 다를까?

정기 예금은 한 번에 목돈을 맡기고, 약속한 기간 동안 찾지 않고 보관하는 저축 방식입니다. 도서관에서 책을 빌릴 때 반납일을 정하는 것처럼, 돈을 맡길 때 언제 찾을지 미리 약속하는 거죠. 이 기간이 끝나면 원금과 이자를 함께 돌려받게 됩니다. 예를 들어 100만 원을 1년짜리 정기 예금에 맡기면 그 돈은 1년간 묶이고, 만기일(은행에 맡긴 돈이나 보험이 완료되어 돈을 받을 수 있게 되는 날짜)에 원금 100만 원과 이자를 함께 받을 수 있습니다.

한편, 적금은 매달 정해진 금액을 꾸준히 모아가는 저축 방식입니다. 정기 예금이 한 번에 큰돈을 맡기는 '일시납(한꺼번에 내는 것)' 방식이라면, 적금은 '월납(매월 내는 것)' 방식입니다. 한 번에 예금할 수 있는 100만 원이 없더라도, 매달 10만 원씩 10개월간 예금하면 똑같이 100만 원이 됩니다. 물론 이자도 받을 수 있어요.

적금의 매력은 무엇보다 접근성에 있습니다. 목돈(비교적 큰돈)이 없어도 시작할 수 있고, 매월 조금씩 넣으면 되니 부담이 적죠.

또한 적금은 특정한 목표를 세우고 그것을 이루기 위한 저축에 매우 효과적이에요. 새 스마트폰 구입, 여행 자금 마련, 대학 등록금 준비 등 구체적인 목표를 설정하고 그에 맞는 기간과 금액으로 적금에 가입하면 목표를 이룰 확률이 크게 높아지거든요.

만약 중간에 돈이 급하게 필요해서 적금을 깨게 되면 처음에 약속했던 이자보다 적게 받게 돼요. 하지만 매달 정해진 날짜에 일정 금액을 넣는 시스템 자체가 자연스럽게 저축 습관을 만들어주고, 목표를 향해 꾸준히 돈을 모으는 데 큰 도움이 됩니다.

그렇다면 어떤 선택이 더 나을까요? 이 질문에는 정답이 없습니다. '지금 내 상황에 가장 잘 맞는 방식이 무엇인가'를 판단하면 됩니다.

예를 들어 용돈을 불규칙하게 받는다면 자유 적립식 적금이 좋습니다. 매월 정해진 금액을 넣어야 하는 일반 적금과 달리, 자유 적립식 적금은 돈이 있을 때마다 자유롭게 넣을 수 있어 용돈이 불규칙한 학생들에게 적합해요. 반대로, 매달 일정한 용돈을 받는다면 정기 적금이 가장 적합합니다. 용돈의 일정 비율을 자동 이체로 설정하면 되니까요.

명절이나 생일에 목돈이 생겼다면 단기 정기 예금을 고려해 보세요. 6개월이나 1년 정도의 짧은 기간 동안 묶어 두면, 이자 수익은 물론이고 소비를 절제하는 효과도 얻을 수 있습니다.

만약 구체적인 목표가 있다면 그 목표에 맞는 상품을 선택하세요. 1년 후 여행을 계획하고 있다면 12개월 적금을, 당장 쓸 일 없는 목돈이 생겼다면 1년 이상의 정기 예금을 선택하는 식입니다.

	정기 예금	적금
방식	목돈을 한 번에 맡김	매달 일정 금액을 나누어 저축
목적	여유 자금을 안전하게 보관	계획적으로 목돈 만들기
이자	전체 금액 기준으로 이자 지급	납입 누적 금액 기준으로 이자 지급
해지 시 영향	중도 해지 시 큰 폭으로 이자 감소	중도 해지 시 일부 이자 감소
추천 대상	가지고 있는 돈, 모은 돈이 있는 사람	돈을 모으는 습관을 기르고 싶은 사람, 목표를 가지고 돈을 모으려는 사람

표 2 정기 예금과 적금, 무엇이 다를까?

금융 상품 첫걸음 : 저축, 주식, 채권의 차이

❝ 앞서 저금통과 은행의 차이, 그리고 예금과 적금의 구조를 통해 저축이 무엇인지, 어떻게 시작할 수 있는지 배워 보았습니다. 이제 이런 궁금증이 생길 수 있어요.

"은행 이자보다 더 빠르게 돈을 늘릴 방법은 없을까?"

자, 이제 저축을 넘어서는 자산 형성의 다음 단계, 즉 금융 상품의 세계에 들어설 차례입니다!

금융 상품은 말 그대로 돈을 굴리는 상품이에요. 금융 상품을 제대로 이해하려면 먼저 금융 시장이 어떻게 구성되고 작동하는지 알아야 합니다. 금융 시장은 마치 거대한 쇼핑몰과 같아요. 쇼핑몰에 의류 매장, 전자제품 매장 등등이 있듯 금융 시장도 여러 종류의 금융 상품들이 거래되도록 만들어져 있거든요.

대표적인 것이 단기 금융 시장인 '화폐 시장'입니다. 단기 자금이 거래되는 곳으로, 주로 1년 이하의 금융 상품들이 거래돼요. 우리가 알고 있는 예금과 적금이 주로 이 영역에 속하죠. 한편, '자본 시장'은 장기 자금이 거래되는 곳으로, 주식과 채권이 대표적인 자본 시장의 금융 상품입니다.

이러한 금융 시장은 경제에서 매우 중요한 역할을 해요. 돈이 필요한 곳과 여유 돈이 있는 곳을 연결해주는 다리 역할을 하기 때문입니다. 개인이 저축한 돈이 기업의 투자 자금이 되고, 그 투자로 생긴 수익이 다시 개인에게 이자나 배당으로 돌아오는 순환 구조를 만들어 내죠.

영원한 동반자, 위험과 수익

금융 상품을 이해하는 가장 핵심적인 개념은 '위험과 수익의 상관 관계'예요. 이는 경제학의 기본 원리 중 하나로, 간단히 말해 "더 많은 수익을 원한다면 더 큰 위험을 감수해야 한다."라는 뜻입니다.

일상생활에 비유하면 이해하기 쉬워요. 안전하게 집에 있으면 다치지 않지만 특별한 경험도 할 수 없죠. 반면 모험을 떠나면 멋진 경험을 할 수 있지만 위험도 따릅니다. 금융 상품도 마찬가지입니다.

예금은 매우 안전하지만, 수익률이 낮습니다. 주식은 높은 수익을 기대할 수 있지만, 돈을 잃을 위험(손실 위험)도 커요. 채권은 그 중간 정도의 위험과 수익을 줍니다. 이러한 관계를 이해하는 것이 현명한 투자의 출발점입니다.

중요한 것은 위험이 나쁜 것만은 아니라는 점입니다. 위험은 불확실성을 의미하며, 그 안에서 기회를 찾는 것이 투자의 본질이에요. 다만 자신이 감당할 수 있는 수준의 위험을 선택해야 하죠.

저축 : 모든 금융 여행의 든든한 출발점

저축은 예금과 적금처럼 은행에 돈을 맡기고 이자를 받는 가장 기본적인 금융 상품입니다.

저축의 가장 큰 매력은 안정성이에요. 예금자보호법에 의해 1억 원(기존 5천만 원에서 2025년 9월부터 1억 원으로 증액)까지는 국가가 보장해 주므로, 은행이 망하더라도 저축해 놓은 내 돈은 안전합니다.

다만, 저축에도 한계가 있어요. 현재 우리나라의 예금 금리는 연 2~3% 수준인데, 물가 상승률이 이와 비슷하거나 더 높을 경우 실질적으로는 돈의 가치가 줄어들 수 있거든요. 예를 들어 금리가 3%이고 물가 상승률이 4%라면, 돈의 가치가 떨어져서 실제로는 구매력이 1% 감소한 것과 같습니다.

그럼에도 불구하고 저축은 모든 금융 활동의 기초가 됩니다. 지금 이 순간에도 용돈을 아껴 적금을 넣고 있다면, 이미 여러분은 금융 상품 사용자로서 첫걸음을 시작한 셈입니다.

주식 : 기업과 함께 성장하는 동반자가 되기

주식은 어떤 기업의 주인이 되는 투자 방식입니다. 기업은 사업을 확장하거나 새로운 기술 개발을 위해 자금이 필요할 때 주식을 발행해요. 그리고 투자자는 그 주식을 사서 그 회사의 소유권 일부를 갖게 됩니다.

친구와 함께 치킨집을 차린다고 생각해 봅시다. 치킨집 창업에 100만 원이 필요한데, 여러분이 30만 원을 투자했다면 그 치킨집의 30% 주인이 되는 거예요. 치킨집이 잘되어 한 달에 10만 원의 이익이 생기면, 여러분은 그중 3만 원을 받을 권리가 있어요. 반대로 치킨집이 잘 안되어 손해가 나면, 여러분도 그 손해를 함께 져야 하죠.

주식의 수익 구조는 두 가지예요.

첫째, 주가 상승에 따른 시세 차익(싸게 사서 비싸게 팔 때 생기는 차이만큼의 이익)입니다. 1만 원에 산 주식이 1만 5천 원이 되면 5천 원의 이익을 얻는 거죠.

둘째, 배당금이에요. 기업이 벌어들인 이익의 일부를 주주들에게 나눠 주는 것으로, 치킨집 이익을 지분에 따라 나눠 받는 것과 같은 원리입니다.

주식 투자에는 위험도 따릅니다. 기업의 실적이 나쁘거나 시장이 불안정하면 주식 가격이 하락하여 손해를 볼 수 있어요. 그리고 주식 시장은 투자자들의 감정에 영향을 많이 받는데, 이 또한 예측하기 어려운 부분이라 위험한 측면이 있습니다.

채권 : 안정적인 약속의 증서

채권은 정부나 기업이 필요한 돈을 빌리기 위해 발행하는 약속의 증서입니다. 투자자는 채권을 사는 방식으로 돈을 빌려주고, 정해진 날짜에 원금과 이자를 돌려받게 됩니다. 이는 마치 친구에게 돈을 빌려주면서 '언제까지 얼마의 이자와 함께 갚겠다'는 차용증(돈을 빌리고 빌려주는 계약 내용을 문서화한 것)을 받는 것과 같아요.

채권의 가장 큰 특징은 확정된 수익 구조입니다. 채권을 살 때 이미 만기일과 이자율이 정해져 있어서, 중간에 팔지 않고 만기까지 보유한다면 정확히 얼마를 받을지 미리 알 수 있어요. 예를 들어 액면가 100만 원, 연 4%, 3년 만기 채권을 샀다면, 매년 4만 원씩 이자를 받고 3년 후에 원금 100만 원을 돌려받는 식이죠.

채권은 누가 발행하느냐에 따라 신용도가 다릅니다. 정부가 발행하는 국채는 국가의 신용을 바탕으로 하므로 가장 안전해요. 한국 정부가 망할 확률은 거의 없기 때문이죠. 특히 국채는 경제가 불안할 때 '안전 자산'으로 인기가 높아집니다. 주식 시장이 폭락하거나 경제 전망이 어두울 때 투자자들은 위험한 자산에 대한 투자를 피하고 안전한 국채로 몰리는 경향이 있거든요.

금융 상품의 세계는 끊임없이 변화하고 발전해요. 새로운 상품이 계속 나오고, 기존 상품도 변화하죠. 따라서 금융 문해력을 기르고 평생에 걸쳐 학습하는 자세가 중요합니다. 금융을 공부하다 보면 '지금 경제 상황이 어떤지', '내가 감당할 수 있는 위험은 어느 정도인지', '10년 후를 위해 지금 무엇을 준비해야 할지'와 같은 것들을 생각하고 판단하는 능력이 자연스럽게 길러질 거예요.

	저축	주식	채권
수익 방식	이자	시세 차익, 배당	약정된 이자
수익률	낮음(예측 가능)	높을 수 있음(변동 큼)	중간 정도(예측 가능)
위험성	매우 낮음	높음	낮음~중간
원금 보장	거의 항상 보장	보장 안 됨	조건부 보장

표3 저축과 주식, 채권의 차이

돈이 한 달 안에 사라지는 세계

어느 날 똘비와 여러분은 이상한 세계에 떨어졌습니다. 이 세계에서는 돈을 벌어서 한 달 안에 안 쓰면 자동으로 사라진다고 해요. 은행도 없고, 저축 통장도 없고, 적금도 쓸모가 없죠. 심지어 돼지 저금통에 넣어 둔 돈도 한 달이 지나면 증발해 버린대요!

이런 곳에서 살아남으려면 어떻게 해야 할까요?

이상한 돈 세계의 요상한 규칙들 ◑

♨ 돈은 받은 지 정확히 30일 후 자동 소멸된다 / 모든 돈을 30일 내에 무조건 써야 한다

✖ 은행, 저축, 적금 모든 것이 존재하지 않는다(당연히 토스 앱도 없고 저장된 돈도 사라진다)

 더 알아볼 것 & 생각해 볼 점

● 한 달 후 내가 가진 돈이 모두 사라진다! 이 돈을 무조건 다 써야만 한다면, 어떤 전략을 세울까?

● 현실로 돌아와 보자! 나는 지금 무엇을 위해 저축을 하는가?

● 저축을 하지 않고 있다면 그 이유는 무엇인가? 지금 상황에서 어떤 계획을 세울 수 있을까?

● 현실에서는 금융 상품을 이용해 돈을 불릴 수 있다. 이것은 나에게 어떤 기회를 줄까?

활동지 작성 TIP　이 사고 실험은 저축이 불가능한 세계를 상상함으로써, 지금 우리가 저축할 수 있다는 사실이 얼마나 큰 이점인지 스스로 깨닫는 데 목적이 있습니다. 돈을 한 달 안에 다 써야 한다는 전제 하에 돈이 사라지지 않도록 어떤 창의적인 전략을 세울 수 있을지 상상해 보고, 어떤 금융 상품을 선택하고, 어떤 저축 습관을 들일 수 있을지 구체적으로 작성해 보는 것이 좋습니다.

금융 입문 자격증을 손에 넣어라!

"드디어 펭수와 뚝비도 금융 지식을 좀 쌓은 것 같아.
그렇다면 너희에게 필요한 건 바로… 금융 입문 자격증!
단, 자격증은 그냥 받는 게 아니야. 아래의 조건을 통과해야 해!"

(감동)

이제 여러분은 금융의 기초 개념을 하나씩 익히고, 돈을 어떻게 모으고, 어디에 맡기고, 어떤 상품을 고를지 판단할 수 있는 준비를 마쳤습니다. 그렇다면 이제 내 삶에 금융을 직접 적용해 볼 때입니다.

나의 금융 지식 점검

● 내가 이해한 정의 한 줄로 쓰기 *정확한 정의보다는 내가 이해한 방식으로 표현하기

정기 예금 : ____

적금 : ____

저축 : ____

주식 : ____

채권 : ____

나의 금융 태도 자가 진단

● 나는 매달 일정 금액을 저축하고 있다.   예 □   아니오 □

- 저축한 돈의 목적이 분명하다.　　　　　　　　　　　예 □　아니오 □
- 금융 상품(예금/적금/주식/채권) 중 하나 이상 들어봤다.　예 □　아니오 □
- 위험이 있는 상품은 아직 부담스럽다.　　　　　　　예 □　아니오 □
- 금융 앱이나 통장을 스스로 관리해 본 적이 있다.　　예 □　아니오 □

나만의 금융 입문 선언문 작성

아래 문장을 참고하여, 자신만의 '금융 생활 시작 다짐'을 적어 보세요!

"나는 지금부터 돈을 그냥 모으는 것이 아니라, 목적과 계획을 가지고 모을 것입니다. 나의 첫 금융 생활은 __________부터 시작할 것이며, 이를 통해 __________(이)라는 목표를 이루고 싶습니다."

이 3단계를 모두 마쳤다면, 당신은 자격이 있습니다! 이제는 스스로 돈을 관리하고, 금융에 첫발을 내디딘 사람으로서 '나만의 금융 입문 자격증'을 만들어 자랑해 보세요!

금융 입문 자격증

이름　　　　　　　　　　　　발급일 ______년 ______월 ______일

나의 금융 입문 선언서 : ________________________________

____

____

위와 같이 선언하였기에 금융 입문 자격증을 수여함!

부자 되기 위원장 펭수 (인)

미래를 키우는 종잣돈의 힘

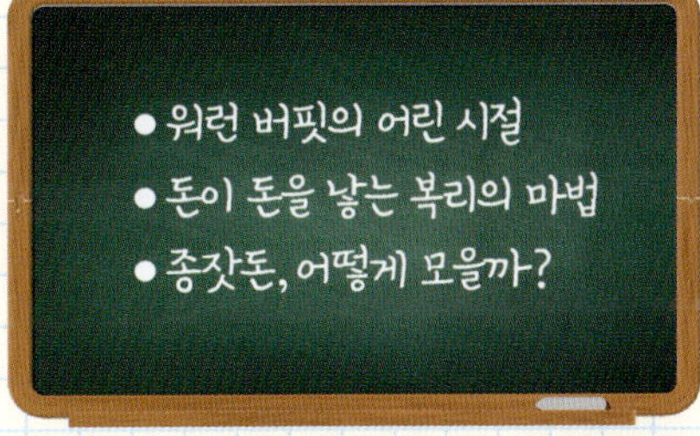

▷ 이번 시간
유튜브 영상 보기

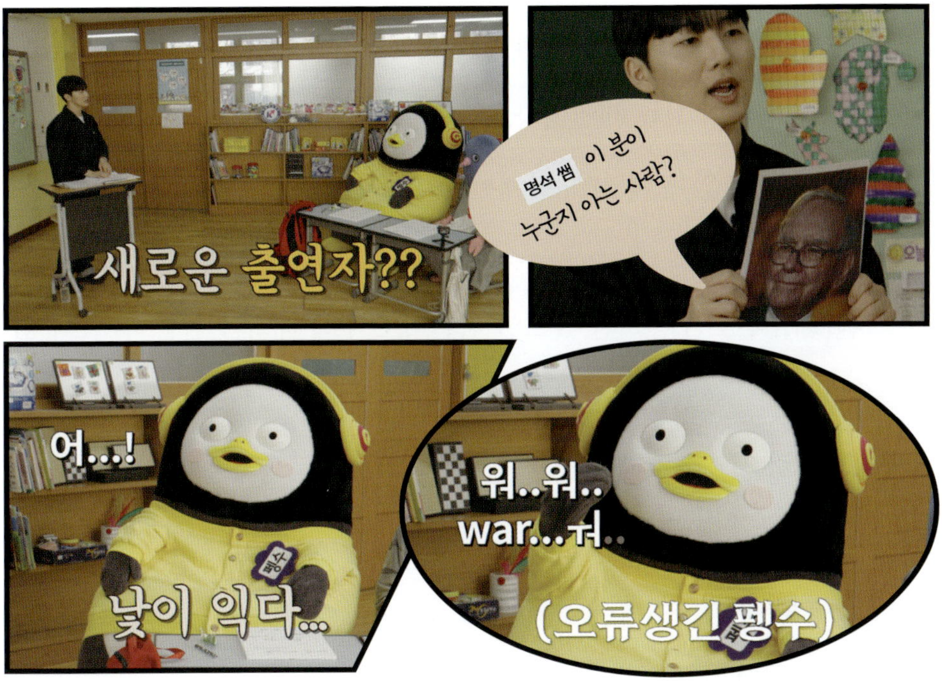

개념 키움

종잣돈

큰 목표를 위해 처음 모으기 시작하는 기초 자금을 말한다. 식물을 키우기 위해 뿌리는 씨앗처럼 미래의 꿈을 현실로 만들기 위한 돈이라는 뜻에서 종잣돈(시드머니)이라고 부른다.

“자, 이번엔 한 단계 더 나아가볼까? 예금과 적금 외에도 효율적인 자산 형성 방법이 하나 더 있어.”

쌤의 말에 펭수가 잽싸게 반응했다.

“뭐요, 뭐요? 복권이요?”

“아니, 그건 운이잖아. 정답은 ‘주식 투자’야. 어릴 때부터 주식 투자에 관심을 가지면, 나중에 훨씬 훌륭한 자산가가 될 수 있어.” 명석 쌤이 말을 이었다. “펭수는 벌써 주식 계좌를 만들었잖아?”

“그쵸! 전 이미 있는 새입니다.”

펭수의 자신 있는 대답에, 옆에서 똘비는 괜히 서운한 표정이다.

“전 아직 없어요….”

“괜찮아. 부모님 동의만 있으면 어린이도 주식 계좌를 만들 수 있어. 요즘은 비대면으로도 가능하고.”

“오, 그럼 저도 해볼래요!”

“근데 말이야, 주식 투자를 하려면 뭐가 필요할까?”

펭수와 똘비가 앞다퉈 대답했다.

“주식이요!”

“돈이요?”

“맞아, 바로 그 ‘돈’. 정확히 말하면 종잣돈이라는 개념이지.”

명석 쌤은 칠판에 커다란 나무를 그렸다.

"이게 뭘까?"

"나무!"

"맞아. 이런 큰 나무를 키우려면 뭐가 필요할까?"

똘비가 외쳤다.

"땅!"

펭수는 손을 흔들며 외쳤다.

"물! 물, 물!!"

"좋아, 땅도 물도 중요한데, 가장 중요한 건…."

"아, 씨앗!"

"그렇지!"

명석 쌤은 크게 고개를 끄덕였다.

"씨앗(seed) = 종자 = 종잣돈이야. 영어로는 시드머니(seed money)라고 하지."

펭수는 무언가 깨달은 듯 눈을 반짝였다.

"씨드는 씨앗! 그래서 시드머니인가?"

"맞아. 이 씨앗을 잘 심고 키워야 큰 나무, 즉 '자산'이 자라는 거야. 그러니까 종잣돈은 경제 생활의 씨앗 같은 거지. 아주

기본이면서도 제일 중요한 개념이야.”

펭수와 뚤비가 입을 모아 말했다.

“이해했어요!”

“좋아요, 쌤. 앞으로 종잣돈부터 잘 키워 볼게요!”

“자, 이쯤 해서 한 명을 소개할게.”

“누구요? 새 친구인가요?”

명석 쌤은 사진 한 장을 꺼냈다.

“혹시 이 사람 알아보겠니?”

펭수가 기억이 날 듯 말 듯, 머리를 쥐어짜며 대답했다.

“어…, 워워워… 워… 런… 버핏!”

“정답!”

명석 쌤이 환하게 웃으며 말했다.

“바로 세계적인 투자자 워런 버핏이야. 전 세계에서 가장 유명한 동시에 가장 존경받는 부자이기도 하지. 워런 버핏 할아버지는 너희보다도 어린 나이인 여섯 살부터 종잣돈을 모으기 시작했대!”

“진짜요?”

워런 버핏은 어떻게 부자가 되었을까?

  세계 최고의 부자 중 한 명이자, '투자의 신'이라 불리는 워런 버핏. 그는 거대한 투자 회사인 버크셔 해서웨이의 CEO(2025년 주주총회에서 같은 해 말 은퇴를 발표함)로, 수십 년 동안 전 세계 금융 시장을 이끌어 온 인물입니다. 많은 사람들이 그의 현재 모습만 보고 '천재적인 투자 감각을 타고났겠지.' 라고 생각해요.

그런데 놀랍게도, 이 거물 투자자의 이야기는 껌과 콜라, 신문 그리고 게임기에서 시작되었습니다. 거대한 참나무가 작은 도토리에서 자라나듯, 버핏의 성공은 아주 작고 소박한 시작에서 비롯되었어요.

워런 버핏이 처음으로 돈을 번 것은 여섯 살 때였습니다. 할아버지의 슈퍼마켓에서 껌을 사서 동네 곳곳을 누비며 이웃들을 만나서 팔았다고 해요. 어떤 사람들은 "그냥 귀여운 장난 아니야?"라고 할지 모르지만, 여기엔 놀라운 센스가 숨어 있었어요. 멀리 상점까지 가기 귀찮아하던 사람들에게 버핏은 '바로 여기서, 지금 당장' 살 수 있는 편리함을 제공한 셈이었거든요.

이 경험을 통해 그는 '사람들에게 가치를 주면, 돈은 자연스럽게 따라온다.'는 법칙을 체득하게 됩니다. 돈을 벌려면 먼저 누군가에게 도움이 되는 일을 해야 한다는 진리를 여섯 살 꼬마가 직감적으로 깨달은 거죠.

버핏의 다음 사업 아이템은 콜라였어요. 여섯 병들이 세트를 사서 한 병씩 따로 팔기 시작했답니다. 묶음 상품을 낱개로 나누어 팔아서 더 많은 이익을 남길 수 있었죠. 그게 뭐 그리 대단하냐고요? 중요한 점은 버핏이 이러한 경험을 통해 돈이 흐르는 방향을 파악하는 관찰자이자 실천자로 성장했다는 점입니다. 강물을 바라보는 사람이 물의 흐름을 읽고 그 힘을 이용하는 방법을 터득하는 것처럼, 버핏은 경제의 흐름을 읽고 그 안에서 기회를 찾는 능력을 기르기 시작했습니다.

열세 살이 되자 버핏은 자전거를 타고 신문 배달을 시작했습니다. 하지만 그냥 시키는 대로만 하는 평범한 아르바이트생이 아니었어요. "어떻게 하면 더 효율적으로 배달할 수 있을까?", "어떻게 하면 더 많은 고객을 확보할 수 있을까?" 이런 질문들로 머릿속이 가득했거든요. 이를 위해 그는 자신만의 '신문 배달 공략법'을 개발해 나갔어요.

그렇게 껌 장사, 콜라 장사, 신문 배달 등을 통해 착실히 돈을 모은 버핏! 열다섯 살이 된 그는 이발소 안의 작은 공간을 빌려 핀볼 게임기를 설치했습니다. 이발을 위해 자기 차례를 기다리던 손님들이 동전을 넣고 게임을 즐기는 동안, 버핏은 쌓여 가는 동전들을 보며 환한 미소를 지었을 거예요. 그야말로 '꿈의 사업 모델'이었거든요. 자신이 직접 일하지 않아도 기계가 알아서 돈을 벌어다 주는 시스템! 훗날 전 세계 부자들이 열광하는 '패시브 인컴' 아래 내용 참고 의 마법을 그가 처음 맛본 순간이었습니다.

워런 버핏은 이처럼 아주 어린 시절부터 자신만의 방식으로 돈을 벌고 모으며 종잣돈을 만들었습니다.

정말 신기한 건, 종잣돈의 진짜 힘은 그 액수가 얼마나 많은지에 있지 않다는 거예요. 버핏이 여섯 살 때 껌을 팔아 번 그 작은 동전들은 오늘날 수십

개념 키움

패시브 인컴(Passive Income)

'수동적 소득'이라는 뜻으로, 내가 직접 일하지 않아도 자동으로 들어오는 돈을 말한다. 돈을 맡겨 두면 자동으로 이자가 붙은 은행 예·적금, 한번 만든 영상이 계속 조회되면서 수익이 발생되는 유튜브 광고 수익, 주식을 보유하면 회사가 정해진 기간 별로 주는 배당금 등은 모두 패시브 인컴에 해당한다. 반대로 액티브 인컴이란, 내가 일한 시간만큼 버는 돈을 뜻한다.

조 원이라는 천문학적 숫자로 불어나 있죠. 어떻게 된 일일까요? 시간과 복리가 만들어낸 기적 덕분입니다. 작은 눈 뭉치가 언덕을 굴러내려 가면서 점점 커져 거대한 눈덩이가 되듯, 돈도 시간이 지남에 따라 스스로 커지는 놀라운 능력을 가지고 있답니다.

그렇다면, 복리의 마법이란 도대체 뭘까요?

시간이 만드는 기적, 복리의 마법

버핏은 이렇게 말했습니다. "복리는 세상에서 가장 강력한 힘이다. 누군가는 그 힘을 이해하고 활용하고, 누군가는 그 힘에 눌려 평생을 산다."

많은 경제학자가 복리를 인류 최고의 발명 중 하나라고 말해요. 복리는 간단한 계산 공식을 따르지만, 시간이 흐를수록 그 결과는 우리의 상상을 뛰어넘는 놀라운 변화를 만들어내는 힘을 가지고 있습니다.

복리의 무시무시한 파워를 가장 극적으로 보여주는 실제 사례가 있습니다. 바로 워런 버핏이 재산을 형성해 온 과정입니다. 많은 사람이 놀라는 사실이 하나 있는데, 세계 최고 부자 중 한 명인 그의 재산 중 무려 99% 이상이 65세 이후에 만들어졌다는 것이에요.

버핏의 재산 형성 과정을 나이대로 쫓아가 보면 정말 소름 돋는 복리의
마법을 목격할 수 있습니다.

50세 (1980년) 약 3억 8천만 달러

이미 엄청난 부자였지만 지금에 비하면 아주 작은 금액….

60세 (1990년) 약 30억 달러

어? 10년 만에 8배가 됐네?

70세 (2000년) 약 280억 달러

헉! 또 10년 만에 9배 증가!

90대 (현재) 1천억 달러 돌파

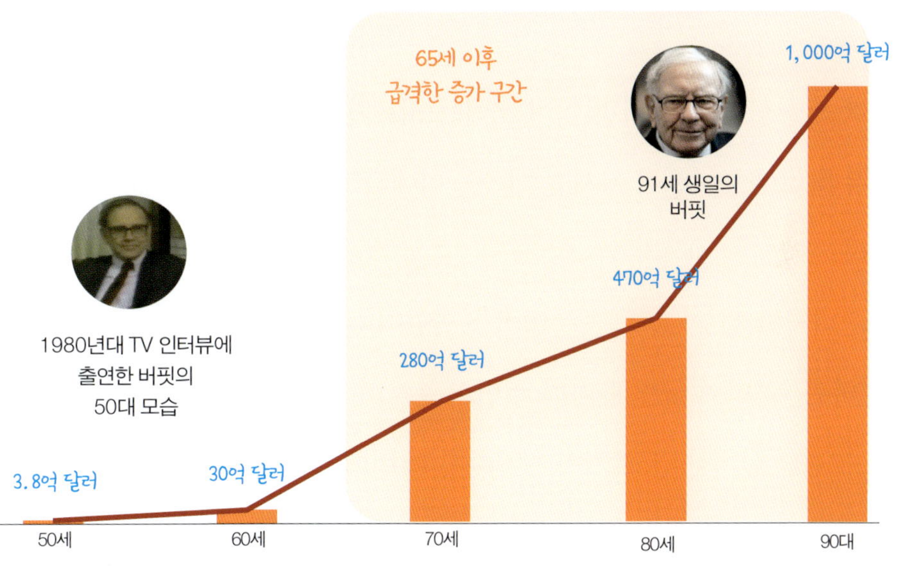

그림 3　워런 버핏의 재산 변화

(이미지 출처 : 야후 파이낸스 유튜브)

대나무의 성장 과정을 아세요? 처음 몇 년 동안은 땅 위로 거의 올라오지 않아서 '이거 정말 자라는 거 맞나?' 싶을 정도예요. 그런데 어느 순간부터 하루에 몇십 센티미터씩 솟아오르기 시작한답니다.

버핏의 재산도 마찬가지로, 초기에는 천천히 늘어나다가 후반부에 폭발적으로 성장했어요. 이것이 바로 복리가 시간과 만났을 때 일어나는 기적입니다.

만약 버핏이 65세에 은퇴했다면 그는 오늘날 우리가 아는 '투자의 신'이 아니라 그저 성공한 투자자 중 한 명으로 기억되었을 테죠. 하지만 그는 90대가 된 지금까지도 투자를 계속하고 있고, 그 결과 복리의 후반부 폭발력을 온전히 경험할 수 있었습니다.

복리를 설명할 때 가장 많이 쓰이는 비유가 바로 눈덩이예요. 버핏도 이 비유를 너무 좋아해서 자서전 제목을 아예 《스노우볼(The Snowball)》로 지었답니다.

손바닥만 한 작고 하얀 눈덩이를 만들어 굴리는 모습을 상상해 보세요. 한 바퀴, 두 바퀴 굴릴 때마다 주변의 눈들이 달라붙으면서 조금씩 커집니다. 그런데 신기한 건, 크기가 커질수록 한 번에 붙는 눈의 양도 많아지고, 무게가 늘어날수록 구르는 힘도 강해진다는 거예요. 결국에는 처음 만든 사람도 제어하기 어려울 정도의 거대한 눈덩이가 됩니다.

복리도 마찬가지예요. 처음에는 원금에 붙는 작은 이자에 불과하지만, 그 이자가 다시 이자를 낳고, 늘어난 전체 금액이 다시 더 큰 이자를 만들어 냅니다. 시간이 갈수록 이 과정은 점점 빨라지고 강력해져서, 마침내는 원금보다 이자가 더 커지는 놀라운 상황이 벌어지죠!

버핏은 이 점을 누구보다 잘 이해하고 있었습니다. 그래서 그는 많이 벌기보다 일찍 시작하는 것, 한 번의 큰 수익보다 오래 지속되는 자산을 유지하는 것을 더 중요하게 여겼습니다. 그에게는 '시간'이야말로 가장 귀중한 투자 자산이었던 것입니다.

복리의 마법을 작동시키기 위한 네 가지 조건

복리는 그 자체로 마법 같지만, 실제로 그 힘을 발휘하려면 다음 조건이 갖춰져야 한다.

첫째는 **시간**. 오래 맡길수록 복리는 기하급수적인 효과를 발휘한다. 따라서 복리 투자에서는 "언제 시작하느냐"가 "얼마나 투자하느냐"보다 더 중요할 수 있다.

둘째는 **끊기지 않는 저축 습관**. 복리의 눈덩이가 굴러가는 도중에 돈을 빼거나 예금을 해지하면 그 순간 마법이 끊어진다. 꾸준한 추가 저축은 눈덩이에 새로운 눈을 계속 공급해 주는 역할을 한다.

셋째는 **재투자**. 이자나 배당금을 받았을 때 그것을 소비하지 않고 다시 저축하거나 투자해야 진정한 복리 효과를 볼 수 있다.

넷째는 **목표 설정과 인내**. 복리는 후반부로 갈수록 폭발적인 성장을 보이므로, 명확한 목표를 설정하고 포기하지 않는 인내심이 필요하다.

종잣돈, 어떻게 만들고 키울까?

워런 버핏의 이 놀라운 성공 스토리를 읽고 나니, '나도 복리의 마법을 체험해 보고 싶다!'는 생각이 들지 않나요? 그 마법을 작동시키기 위해서는, 지금까지 계속 강조했듯이 종잣돈이 필요합니다.

그런데 잠깐! 혹시 종잣돈이라고 하니까 최소 몇백만 원은 있어야 하는 거 아닌가 생각하고 있다면, 완전히 틀렸습니다. 종잣돈은 절대로 큰 금액일 필요가 없습니다. 진짜 중요한 건 금액이 아니라 습관이에요. 매달 용돈에서 딱 2천 원만 빼서 따로 저축해도 '나만의 종잣돈 프로젝트'의 시작이 될 수 있습니다. 편의점에서 과자나 음료수 사려다가 "아, 오늘은 참아보자!"하고 한 번만 자제해도 그 돈이 미래의 씨앗이 될 수 있어요. 생일이나 명절에 받은 용돈에서 일정 비율만 떼어 저축하는 것도 좋은 방법이고요.

워런 버핏도 처음에는 껌과 콜라 장사를 통해 돈을 벌기 시작했습니다. 그의 이야기가 우리에게 알려주는 핵심 메시지는 명확합니다. 부자는 '많이 버는 사람'이 아니라 '일찍부터, 꾸준히 모으는 사람'이란 거죠. 지금 당장 한 달에 100만 원을 벌 수는 없겠지만 하루 1천 원씩, 한 달에 3만 원씩 모으는 것은 충분히 가능하잖아요? 그리고 그 작은 3만 원이 시간이라는 마법사를 만나면 정말 놀라운 일들이 벌어질 것입니다.

복권에 당첨되는 대신, 매달 1만 원만 모아야 한다면?

여기, 이상한 선택지가 있습니다. 여러분은 어떤 걸 선택하시겠습니까?

지금 당장 240만 원짜리 복권에 당첨되기 vs. 20년 동안 매달 1만 원씩 저축해서 자산 키우기

누구나 당장 큰돈을 얻고 싶어 합니다. 하지만 워런 버핏은 작은 돈을 아주 오래 굴린 결과, 지금의 부를 이루었다는 걸 기억하세요!

 더 알아볼 것 & 생각해 볼 점

- 매달 1만 원씩, 20년 동안 복리로 불린다면 정말 큰돈이 될 수 있을까?
- 당장의 목돈보다 긴 시간 동안 자산을 키워가는 것이 왜 더 어렵고 중요한 일일까?
- 지금 240만 원이 생긴다면 나는 어떻게 쓸까?
- 반대로, 매달 1만 원을 모으는 삶을 선택한다면 나는 어떤 태도와 습관을 지녀야 할까?

활동지 작성 TIP 이 사고 실험의 핵심은, '시간'이라는 자산이 얼마나 큰 가능성을 품고 있는지를 스스로 체감하는 것입니다. 복권 당첨이라는 '단기 수익'과, 매달 1만 원이라는 '장기 자산 축적' 중 내가 선택한 쪽은 무엇인지, 그 선택을 한 이유는 무엇인지, 지금 내가 가진 돈이 많지 않더라도 시간과 습관을 통해 키워갈 수 있다는 확신이 드는지, 그리고 지금부터 종잣돈을 어떻게 키워보고 싶은지에 관하여 적어 보면 좋습니다.

종잣돈 시나리오를 설계하라!

'부자 되기'는 거창한 일이 아니라 습관과 시간의 결합에서 시작됩니다. 종잣돈을 구체적으로 설계하고, 복리의 원리를 나의 돈과 시간에 연결해 보세요.

1단계 : 나만의 종잣돈 로드맵

월 저축 가능 금액	: ________________ 원	작성 TIP 용돈에서 현실적으로 빼낼 수 있는 금액
저축 방식	: ________________	작성 TIP 통장 자동이체 / 적금 / 저금통 / 앱 등
목표 달성 기간	: ________________	작성 TIP 단기(6개월) / 중기(1~2년) / 장기(3년+)
최종 목표 금액	: ________________ 원	작성 TIP 구체적 숫자로!
사용 목적	: ________________	작성 TIP 무엇을 위해? 왜 이 금액이 필요한지?
비상 계획	: ________________	작성 TIP 저축이 어려워질 때 어떻게 할지?

2단계 : 시간의 마법 체험하기

● 가정 : 매달 1만 원, 연 3% 복리로 저축한다면?

기간	저축한 돈	이자로 번 돈	총 금액	내 생각
1년 후	12만 원	약 2천 원	약 12만 2천 원	
3년 후	36만 원	약 1만 7천 원	약 37만 7천 원	
10년 후	120만 원	약 19만 원	약 139만 원	

⇨ 10년 후엔 이자만으로도 처음 1년간 모은 돈보다 많아져요!

3단계 : 내 타입에 맞는 저축 전략 세우기

● 언제부터 : _____________   ● 얼마씩 : 매달 __________원씩

● 목표 : __________을 위해 __________까지

나의 저축 방해 요소	극복 전략	도움 요청
예: 충동 구매	예: 살 것 목록 미리 작성	예: 친구와 함께 가계부 쓰기

4단계 : 점검 약속

● 매월 ___일에 저축 현황 확인   ● ___개월마다 목표와 계획 재검토

● 어려울 때는 __________에게 도움 요청

CHECK POINT! 나는 어떤 타입일까?

☐ **계획형** : 미리미리 철저하게 계획을 세우는 타입

☐ **감정형** : 기분에 따라 저축 금액이 달라지는 타입

☐ **목표형** : 뚜렷한 목표가 있을 때만 열심히 하는 타입

☐ **습관형** : 한번 시작하면 꾸준히 지속하는 타입

가치와 선택의 경제 원리

두 번째 수업

레몬으로 레모네이드를 만들면 생기는 마법

▷ 이번 시간
유튜브 영상 보기

개념 키움

사용 가치와 교환 가치

사용 가치란, 실제로 사람들에게 도움이 되는 정도를 뜻한다. 즉 '얼마나 유용한가?'를 나타낸다. ⋯▸

키움 초등학교 등교 두 번째 날!

"제가 예습을 좀 했는데요."라는 똘비의 말에 펭수가 눈을 동그랗게 뜨며 물었다.

"뭐, 네가 예습을…? 뭘 예습했어?"

"종잣돈이요. 한번 검색해 봤는데, 생각보다 어렵더라고요. 그냥 수업 듣는 게 낫겠어요."

"그건 예습이 아니라 그냥 '모르겠다'잖아."

"아니, 시도는 했잖아요! 나름 노력했다고요!"

"응, 응…. 어쨌든 똘비야, 주식 계좌는 만들었어?"

"그건 만들었지요, 비대면으로 바로 완료!"

"오, 잘했네!"

그때, 교실에 명석 쌤이 들어왔다.

"조용, 조용! 시작하자. 반장, 인사!"

펭수와 똘비가 동시에 일어서서 외쳤다.

"차렷! 인사! 안녕하세요~!"

명석 쌤이 물었다.

한편, 교환 가치는 시장에서 얼마에 거래되는가를 의미하는데 같은 품목이라도 브랜드, 품질, 희소성에 따라 달라진다. 🟠

“무슨 얘기하고 있었니?”

“저, 계좌 만들었어요!”

“오~, 축하해, 똘비! 펭수도, 똘비도 투자 준비 완료네? 그럼, 투자하려면 이제 뭐가 필요하지?”

“시드머니!”

“와, 이거 완전 감동인데! 좋아, 오늘은 그럼 종잣돈의 비밀에 대해 본격적으로 이야기해 보자.”

똘비와 펭수가 의아하다는 듯이 물었다.

“종잣돈의… 비밀이요? 전에 다 배운 거 아니었어요?”

“아니, 더 큰 비밀이 바로 여기에 있어!”

쌤이 책상 위에서 뭔가를 꺼내 들었다.

노란색, 둥글둥글, 보기만 해도 입이 시큼해지는 그 물체….

“레… 레몬??”

똘비가 당황한 듯 말하자, 펭수가 고개를 끄덕이며 힘차게 말했다.

“오케이! 저는 오늘부터 레몬을 모으겠습니다!”

“아니…, 그게 아니고…!!”

쌤의 다급한 외침과 함께 수업이 시작되었다.

가치 창출과 부가 가치란?

>> 레몬 한 개의 가격은 약 1,500원입니다. 마트나 시장에서 누구나 살 수 있는 흔한 과일이죠. 겉보기에는 그저 노란색 신맛 나는 과일에 불과합니다. 그런데 이 평범한 레몬에 사이다와 설탕, 얼음을 넣고 예쁜 컵에 담아 레모네이드로 만들면 어떻게 될까요?

보통 카페에서 레모네이드는 한 잔에 4,000~5,000원 정도 합니다. 레몬 한 개의 원가보다 3배 이상 비싼 가격입니다. 평범한 레몬이 갑자기 몇 배의 가치를 지니게 되죠. 이 같은 놀라운 변신의 비밀은 '가치 창출'에 있습니다. 이는 현대 경제학과 경영학에서 가장 기본적이면서도 중요한 원리 중 하나로, 모든 기업이 돈을 버는 기본 공식이라고 할 수 있어요.

가치 창출이란, 원재료나 상품에 어떤 아이디어나 노력을 더해, 사람들이 더 많은 돈을 지불하고 싶게 만드는 과정을 말합니다. 여기서 중요한 건, 단순히 가격만 올리는 게 아니라 정말로 소비자에게 더 큰 만족과 편익을 주는 거예요.

레몬 자체는 시고 껍질도 두꺼워서 그냥 베어 먹기에는 부담스럽습니다. 하지만 그 레몬에 '시원하고 달콤한 음료'라는 아이디어를 더하고, 정성스러운 손질과 적절한 혼합, 시원한 얼음, SNS에 올리고 싶은 예쁜 컵, 친절한 서비스라는 부가 요소들을 더하면 어떨까요? 소비자들은 이제 단순한 레몬이 아니라 '레모네이드'라는 완전히 새로운 경험을 구매하게 됩니다.

레몬이 가진 본래의 맛과 향은 그대로지만, 그것을 활용하고 변화시키는 방식이 달라졌기 때문에 완전히 새로운 가치가 탄생한 거죠. 이것이 바로 경제학에서 말하는 '부가 가치 창출'의 핵심 메커니즘입니다.

가격의 구조

우리가 지불하는 물건의 가격은 보통 다음 세 가지 요소로 구성됩니다.

첫 번째는 원가입니다. 레모네이드의 경우 레몬·사이다·컵·얼음 등의 재료비가 여기에 해당해요. 옷의 경우 원단값·단추값·실값 등이, 스마트폰이라면 반도체·액정 화면·배터리·케이스 등의 부품비가 원가가 됩니다.

하지만 원가에는 재료비만 포함되는 것이 아니에요. 회계학에서 정의하는 제조원가는 재료비, 노무비(인건비), 제조경비로 구성됩니다. 즉, 공장 운영비, 기계 감가상각비, 생산 과정에서 소요되는 전기료와 인건비까지 모두 원가에 포함돼요. 따라서 원가는 '제품을 만들기 위해 반드시 들어가야 하는 모든 비용'이라고 정의할 수 있습니다.

두 번째는 부가 가치입니다. 원재료나 기본 제품에 더해진 추가적인 가치로써 디자인, 브랜드, 유통, 마케팅, 서비스, 아이디어 등 다양한 형태로 나타나죠. 부가 가치는 눈에 보이지 않는 경우가 많지만, 실제로는 제품의 가격과 경쟁력을 결정하는 가장 중요한 요소 중 하나입니다.

세 번째 요소는 최종 가격입니다. 이는 소비자가 실제로 지불하는 가격으로, 원가와 부가 가치를 더한 결과입니다.

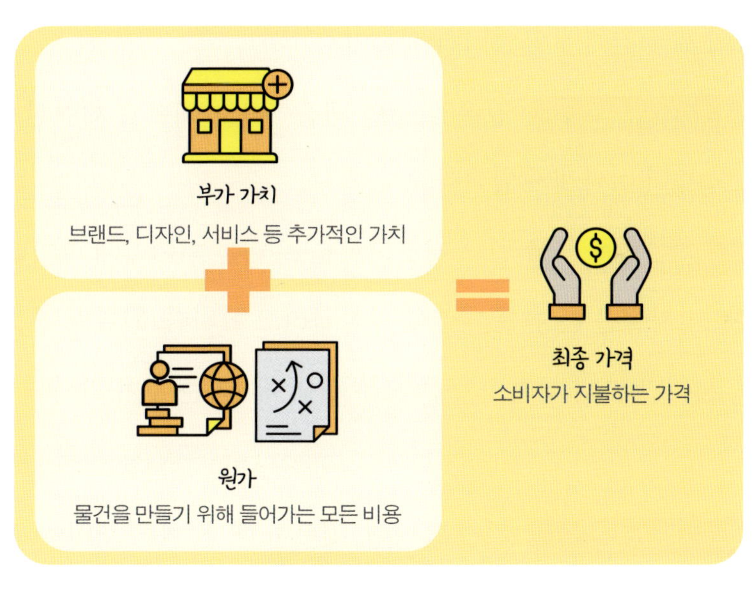

그림 4 가격의 구조

원가보다 비싸게 팔 수 있는 이유

부가 가치는 상품의 진정한 가치를 결정짓는 핵심입니다. 세상에는 똑같은 원재료로 만든 물건이 수없이 많아요. 하지만 사람들이 기꺼이 더 많은 돈을 지불하는 상품에는 언제나 특별하게 더해진 가치가 숨어 있습니다. 예를 들어 볼까요?

브랜드가 주는 신뢰감 같은 면 티셔츠라도 유명 브랜드 제품은 일반 제품보다 몇 배 비쌉니다. 그 브랜드가 상징하는 품질, 스타일, 사회적 지위 등이 제품 가격에 포함되기 때문이죠.

감각적인 디자인 같은 기능의 제품이라도 예쁘고 세련된 디자인의 제품이 더 비싸게 팔립니다.

구매 편의성 같은 상품이라도 더 쉽고 편리하게 구입할 수 있다면 소비자들은 더 높은 가격을 지불하려고 합니다. 원클릭 주문, 당일 배송, 24시간 고객 서비스 등은 모두 편의성이라는 부가 가치를 제공합니다.

좋은 서비스 경험 친절한 직원, 깨끗한 매장, 빠른 서비스, 사후 관리 등은 모두 소비자에게 만족감을 주는 부가 가치입니다. 같은 음식이라도 서비스가 좋고 고급스러운 식당에서 더 비싸게 팔리는 이유죠.

부가 가치는 그저 상품을 비싸게 만드는 이유가 아닙니다. 소비자에게 진정한 만족과 차별성을 제공하는 요소죠. 따라서 성공하는 기업들은 원가 절감보다 부가 가치 창출에 더 큰 노력을 기울인답니다.

기업이 하는 일 = 가치를 더하는 일

❝ 사실 모든 기업의 핵심 활동은 바로 가치 창출에 있습니다. 우리 주변의 모든 성공한 기업들을 살펴보면, 그들은 모두 나름의 방식으로 가치를 창출하고 있음을 알 수 있어요.

농부가 정성껏 기른 토마토를 생각해 봅시다. 토마토 1kg을 농장에서 직접 사면 약 2,000원이에요. 그런데 이걸 케첩으로 만들면 300g짜리 한 병에 3,000원에 팔 수 있습니다. 같은 양으로 계산하면 몇 배나 비싸진 거죠.

그런데도 사람들은 기꺼이 케첩을 삽니다. 토마토를 일일이 으깨고 조리하는 번거로움 없이, 바로 사용할 수 있는 편리함과 일정한 맛을 보장받기 때문이에요.

패션 브랜드도 마찬가지입니다. 면이나 폴리에스터 같은 원료 자체는 저렴하지만, 이걸 트렌디한 디자인의 옷으로 만들고 브랜드 가치를 더하면 수십 배, 수백 배의 가격으로 팔려요. 사람들은 단순히 몸을 가리는 천 조각이 아니라, 스타일과 개성을 표현하는 도구를 구매하는 것이니까요.

구글이나 네이버 같은 IT 기업은 어떨까요? 정보 자체는 인터넷 어디서든 무료로 찾을 수 있지만, 이 정보들을 사용자가 쉽고 빠르게 찾을 수 있도록 정리하고 가공하면 엄청난 가치가 더해집니다.

이처럼 기업은 원가보다 더 높은 가치를 만들어 내는 방식으로 수익을 창출합니다. 여기서 핵심은, 소비자가 이 정도면 충분히 값어치 있다고 느끼는 가치를 제공하는 데서 기업의 이윤이 발생한다는 점입니다.

가치 창출은 단순히 기업이 돈을 버는 방법을 넘어서 사회 전체에 긍정적인 영향을 미칩니다. 예를 들어 레모네이드 가게에서 일하는 알바생은 레모네이드 판매를 통해 생활비를 벌 수 있고, 레몬 농장은 더 많은 레몬을 팔 수 있어 소득이 늘어납니다. 컵과 빨대를 만드는 공장도 주문량이 늘어나고, 정부는 사업자가 내는 세금으로 공공 서비스를 제공할 수 있어요. 즉, 소비자가 지불하는 돈이 다시 노동자의 임금, 공급업체의 수익, 정부의 세수(세금으로 거둬들이는 수입)가 되어 사회로 순환되는 거예요.

이것이 바로 경제학에서 말하는 '승수 효과' 111페이지 참고 의 한 예입니다. 하나의 가치 창출 활동이 여러 경제 주체들에게 연쇄적으로 좋은 영향을 미치는 거죠.

가치 창출의 놀라운 점은 그 가능성이 무한하다는 거예요. 같은 원재료라도 아이디어와 창의성에 따라 전혀 다른 가치를 지닐 수 있어요. 레몬 하나로도 레모네이드, 레몬 타르트, 레몬향 캔들, 레몬 청소제 등 다양한 상품을 만들 수 있죠. 각각의 용도와 가치 또한 다르고요.

이것이 우리에게 주는 중요한 메시지는 무엇일까요?

개념 키움 | 승수 효과

승수 효과란, 경제에서 초기 투자나 지출이 최종적으로 그 규모보다 훨씬 큰 경제적 파급 효과를 만들어 내는 현상이다. 예를 들어 정부가 100억 원을 도로 건설에 투자한다고 해보자. 이 돈은 건설업체에 지급되고, 건설업체는 이를 근로자 임금, 자재 구입비, 장비 임대료 등으로 사용한다. 임금을 받은 근로자들은 생활비로 사용하고, 자재 업체나 장비 업체도 다시 다른 곳에 돈을 지출할 것이다. 이렇게 돈이 경제 전체를 순환하면, 그 과정에서 최초 투자액보다 몇 배 큰 경제 효과가 발생한다.

승수 효과의 크기는 '한계소비성향'에 따라 달라진다. 다시 말해, 사람들이 받은 소득 중 얼마나 높은 비율을 다시 소비에 사용하느냐에 따라 승수 효과가 커지거나 작아진다는 것이다. 일반적으로 소득이 낮은 계층일수록 받은 돈을 거의 모두 소비에 사용하므로 승수 효과가 크다.

이러한 원리로 정부는 경기침체 시 공공 투자나 재정 지출을 늘려서 경제를 활성화하는 경향이 있다.

미래에 어떤 직업을 갖게 되든, 성공의 열쇠는 바로 이 가치 창출 능력에 있다는 것입니다.

더 나아가 가치 창출은 우리 사회의 문제들을 해결하는 도구이기도 합니다. 환경 문제, 교육 문제, 의료 문제 등 우리가 직면한 다양한 과제들을 창의적인 아이디어로 해결하면서 동시에 경제적 가치도 창출하는 것, 이것이 바로 미래 경제의 핵심 동력이 될 것입니다.

우리 일상 속의 가치 창출 사례들

가치 창출은 거창한 기업 활동에서만 일어나는 것이 아니다. 우리 일상 곳곳에서 다양한 형태로 벌어지고 있다.

선생님이 수업을 하는 것도 가치 창출이다. 교과서에 있는 지식 자체는 누구나 접근할 수 있지만, 그것을 이해하기 쉽게 설명하고 개인별 맞춤형으로 가르치는 서비스를 제공함으로써 가치를 창출하는 것이다.

유튜버가 영상을 만드는 것도 마찬가지다. 인터넷에 있는 정보들을 재미있게 편집하고 자신만의 관점으로 해석해서 시청자들에게 즐거움과 지식을 동시에 제공하고, 그 대가로 광고 수익을 얻는다. 심지어 친구에게 생일 선물을 정성스럽게 포장해 주는 것도 일종의 가치 창출이라 할 수 있다. 똑같은 선물이라도 예쁘게 포장되어 있으면 받는 사람의 기쁨이 더 커지니까 말이다.

종이컵 하나를 10만 원에 팔아야 한다면?

어느 날 똘비에게 온 미션 하나. 한 개당 10만 원에 팔 수 있는 종이컵을 만들어야 한대요! 종이컵 하나를 10만 원에 팔기 위해 어떤 가치를 더하면 좋을까요? 단, 거짓말이나 사기는 금지입니다.

힌트! 어떤 아이디어, 디자인, 경험, 의미, 희소성, 이야기를 더할 수 있을지 고민해 보세요. (예시 : 환경을 지키는 상징이 되는 '세상에 하나뿐인 재사용 아트컵', 사랑하는 사람이 준 편지를 종이컵 안에 프린트해 주는 서비스 등.)

 더 알아볼 것 & 생각해 볼 점

- 어떤 가치를 더했는가? 어떤 소비자가, 왜 10만 원을 내고 살 것이라 생각하는가?
- 이 종이컵을 통해 소비자에게 어떤 새로운 경험을 줄 수 있는가?
- 이 물건을 사는 사람, 유통하는 사람, 만드는 사람에게 어떤 경제적 연결과 효과가 생길까?
- 내 상상이 현실에서도 가능한 '가치 설계'의 아이디어가 될 수 있을까?

활동지 작성 TIP 이 사고 실험의 목적은 '가치는 원가가 아니라 의미와 경험으로 만들어진다'는 사실을 구조적으로 이해하는 데 있습니다. 하찮아 보이는 물건(종이컵)에 어떤 가치가 덧붙여졌는지를 중심으로 생각을 정리해 보세요.

세상에 하나뿐인 가치 상품을 기획하라!

"나도 평범한 물건을 가지고 부가 가치를 만들어서 대박 상품을 만들 수 있을까?
너무 많이 팔리면 아예 회사를 하나 만들어야 할 텐데, 더 바빠지면 어떡하지…?!"

1단계 : 원재료 선택 & 가치 설계

원재료 : ___________________________ (원가 : _______________원)

가치 요소	항목	나의 아이디어
디자인	색깔, 모양, 재질 변화	
기능	새로운 용도, 편의성 추가	
스토리	특별한 의미, 브랜드 스토리	
경험	구매부터 사용까지의 특별함	

목표 판매가 : _______________원

2단계 : 고객 분석 & 마케팅 전략

● 타겟 고객

연령 : _________세, 관심사 : ___________________________

구매 동기 : (왜 이 상품을 사고 싶어 할까?) ___________________________

● 상품명 & 핵심 메시지

상품명 : ________________________________

한 줄 메시지 " ____ "

● 차별화 포인트 (기존 제품과 다른 점)

____

3단계 : 수익성 검증 & 성찰

매출 : ______________원 (판매가×판매 수량)

비용 : ______________원 (재료비+포장비+기타)

순이익 : ______________원 (매출-비용)

평가 항목	점수 (1~5점)	한 줄 이유
창의성		
실현 가능성		
수익성		

● 가장 어려웠던 부분과 가장 재미있었던 부분은?

____

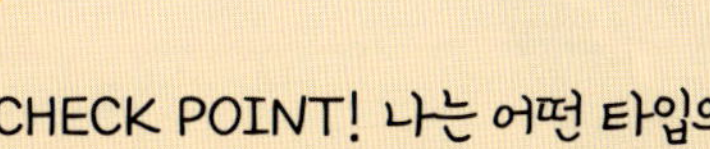

CHECK POINT! 나는 어떤 타입의 기업가 정신을 가졌을까?

☐ **혁신가형** : 새로운 아이디어가 계속 떠올라요.

☐ **분석가형** : 시장과 고객을 꼼꼼히 분석해요.

☐ **실행가형** : 아이디어를 현실로 만드는 걸 좋아해요.

☐ **소통가형** : 사람들의 마음을 잘 읽어요.

참치냐 우정이냐, 그것이 문제로다!

▷ 이번 시간
유튜브 영상 보기

개념 키움

경제학에서 '선택'의 개념

경제학에서 선택은 제한된 자원으로 무한한 욕구를 충족시키기 위해 하나를 결정하는 행위이다. 모든 경제 주체는 희소성 때문에 선택의 상황에 직면하며, 이때 기회 비용이 발생한다. ●

명석 쌤이 다시 칠판 앞에 섰다.

"자, 이번에는 가치 창출 다음으로, 기회 비용이라는 개념에 대해 공부해 볼 거야."

펭수는 단어가 마음에 들었는지 멜로디를 붙여 흥얼거렸다.

"기회, 기회, 기회~ 비용!"

쌤은 웃으며 고개를 끄덕였다.

"단어 그대로, 기회와 비용을 연결해서 생각해 보면 돼. 뭔가를 선택해야 하는 순간에 한 가지를 고르면, 다른 걸 포기해야 했던 경험이 있지? 그 포기한 것들 중에서 가장 아쉬운 것, 가장 큰 가치를 가진 걸 '기회 비용'이라고 하는 거야."

펭수는 고개를 갸웃했다.

"예를 들면요?"

쌤이 장난스러운 표정으로 말했다.

"펭수가 주말에 뚈비랑 새로 개봉한 영화를 보기로 약속했어. 그런데 그날, 방송국에서 촬영을 하자고 연락이 온 거야. 심지어 출연료로 참치 캔 100개를 주겠대!"

펭수의 눈이 번쩍 뜨였다.

"바로 촬영하겠습니다!!"

펭수의 적극적인 반응에 쌤은 약간 당황한 눈치였다.

“이렇게 쉽게 선택한다고?”

“참치 캔이잖아요! 그것도 100개!”

그 말에 똘비는 삐진 기색이 역력하다.

“뭐야, 나는 참치 캔에도 못 미치는 존재였던 거야?”

“아니, 잠깐만 들어봐! 내가 참치 벌어오면 반 줄게!”

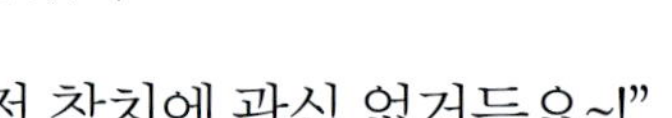

펭수의 다급한 외침에도 똘비는 냉랭하게 말했다.

“전 참치에 관심 없거든요~!”

명석 쌤이 둘을 말리며 설명을 이어나갔다.

“자, 이 상황에서 펭수가 선택한 건 참치 캔 100개짜리 촬영. 그리고 그 선택 때문에 포기한 건 똘비와의 즐거운 영화 시간이었지?”

펭수가 말했다.

“네, 약간 양심에 찔리네요.”

“그 포기한 시간, 그게 바로 기회 비용이야.”

펭수는 고개를 끄덕이며 작게 중얼거렸다.

“…참치 캔도 좋지만, 똘비랑의 시간이 더 귀한 거였나?”

선택에는 언제나 대가가 따른다

 아침에 눈을 뜨는 순간부터 밤에 잠들 때까지, 우리는 하루에도 수백 번의 선택을 합니다. 아침에 일어날까 조금 더 잘까, 아침을 먹을까 말까, 어떤 옷을 입을까, 어떤 길로 약속 장소에 갈까, 친구들과 무엇을 먹을까, 잠들기 전에 핸드폰을 볼까 말까 등등. 이런 크고 작은 선택들이 우리의 하루를 만들어 가죠.

그런데 그거 아세요? 무언가를 선택하는 순간, 우리는 동시에 다른 무언가를 포기하고 있다는 걸요.

선택과 포기는 언제나 동시에 일어납니다. 마치 동전의 양면처럼, 하나를 선택하면 다른 하나는 자동으로 포기하게 되는 거죠.

경제학에서는 바로 이 '포기'에 주목합니다. 그리고 그 포기의 대가를 기회 비용이라고 부릅니다. 이 개념은 단순해 보이지만, 실제로는 모든 경제 활동의 핵심을 관통하는 중요한 원리예요.

기회 비용이란, 어떤 선택을 할 때 포기하게 되는 가장 가치 있는 다른 선택지의 가치를 말합니다. 이는 경제학의 아버지라 불리는 애덤 스미스 이후 모든 경제학자들이 인정하는 핵심 개념 중 하나입니다.

예를 들어 용돈 5천 원으로 치킨 조각을 살 수도 있고, 만화책을 살 수도 있어요. 둘 중 치킨을 선택했다면, 만화책을 사는 기회를 잃게 되죠. 이때 포기한 만화책의 가치가 바로 기회 비용입니다. 중요한 것은, 여기서 기회 비용은 만화책의 가격이 아니라 만화책을 통해 얻을 수 있는 즐거움, 지식, 만족감이라는 점이에요.

기회 비용은 눈에 보이지 않고, 영수증에 찍히지 않지만, 모든 선택의 이면에 숨어 있는 진짜 비용입니다. 경제학에서는 실제로 지출하는 돈을 '명시적 비용', 기회 비용처럼 눈에 보이지 않는 비용을 '암묵적 비용'이라고 구분해서 불러요. 아래 내용 참고

개념 키움

명시적 비용과 암묵적 비용

경제학에서 비용은 명시적 비용(Explicit Cost)과 암묵적 비용(Implicit Cost)으로 구분된다. 명시적 비용은 실제로 현금이 지출되는 회계상의 비용이다. 기업의 손익계산서에 명확히 나타나는 비용으로, 측정과 계산이 용이하다. 한편, 암묵적 비용은 기회 비용의 개념으로, 실제 화폐 지출은 없지만 포기한 대안의 가치를 나타낸다. 예를 들어 사업에 1억 원을 투자했다면 이 돈을 은행에 예금했을 때 받을 수 있는 이자를 포기한 것이다. 내 건물에서 카페를 운영한다면, 실제로 임대료를 내지는 않지만, 다른 사람에게 임대했을 때 받을 수 있는 월세를 포기한 것이다. ●

기회 비용과 손해는 다르다

여기서 한 가지, 반드시 짚고 넘어갈 것이 있어요. 기회 비용이 손해를 의미하는 건 아니란 점입니다.

많은 사람이 이렇게 오해하곤 합니다.

"무언가를 포기했으니, 결국 손해를 본 거 아닐까?"

하지만 경제학에서 말하는 기회 비용은 손해를 본 금액이나 잃어버린 자원을 계산하는 개념이 아니에요.

손해는 실제로 무언가를 잃는 것을 의미해요. 예를 들어 핸드폰을 잃어버리면 그건 손해입니다. 하지만 기회 비용은 '어떤 선택을 했기 때문에 포기한 것의 가치'를 뜻합니다.

토요일에 친구들과 영화를 보러 갈까, 혼자 공부를 할까 고민하던 학생이 공부를 선택했다고 해 봅시다. 그 선택으로 인해 영화관에서의 즐거운 시간은 포기하게 되죠. 그런데 시험 성적이 올랐다면, 포기한 영화관에서의 시간이 손해일까요? 절대 그렇지 않아요.

기회 비용을 손해로 착각하면 선택을 하기 두려워지지만, 그것을 비교 기준으로 이해하면 보다 나은 방향으로 이끄는 도구가 될 수 있습니다.

모든 것을 가질 수 없는 이유

사람의 욕구는 무한하지만, 그 욕구를 충족시킬 수 있는 자원은 유한합니다. 돈도, 시간도, 에너지와 집중력도 무한하지 않아요. 하루는 24시간이고, 한 달 용돈은 정해져 있으며, 우리의 체력과 집중력에도 한계가 있어요.

이런 제약 조건 때문에 우리는 항상 선택해야 하고, 그 선택은 곧 포기를 의미합니다. 만약 돈과 시간이 무한했다면 기회 비용이라는 개념은 존재하지 않았을 거예요. 치킨도 사고 만화책도 살 수 있었을 테니까요.

하지만 현실에서는 그럴 수 없죠. 그래서 경제학에서는 "공짜 점심은 없다."라는 말을 자주 합니다. 겉보기에 공짜로 보이는 것도 실제로는 시간이나 기회라는 비용을 치르고 있다는 뜻이에요. 무료 시식 코너에서 샘플을 맛보는 것도 그 시간에 다른 일을 할 수 있었던 기회를 포기한 셈이라는 거죠.

시간 = 가장 공평한 자원, 시간의 기회 비용이란?

돈은 사람마다 다르게 가지고 있지만, 시간은 모든 사람에게 공평합니다. 부자든 가난한 사람이든, 똑똑한 사람이든 그렇지 않은 사람이든, 모두에게 하루는 24시간이에요. 바로 이 때문에 시간의 기회 비용을 이해하는 것이

특히 중요합니다.

예를 들어 하루에 2시간씩 쇼츠를 본다면 그 기회 비용은 무엇일까요? 단순히 2시간을 허비한다고 생각할 수도 있지만, 더 정확히는 '그 2시간 동안 할 수 있었던 가장 가치 있는 일'이 기회 비용입니다. 책을 한 권 읽을 수 있었거나, 외국어 단어 30개를 외울 수 있었거나, 운동을 해서 건강을 관리할 수 있었던 등등의 기회를 포기한 거죠.

물론 쇼츠 영상을 보는 자체가 나쁘다는 뜻은 아니에요. 짧은 영상들을 보며 얻는 정보와 스트레스 해소, 즐거움도 분명한 가치가 있어요. 중요한 것은 그 가치와 기회 비용을 비교해서 정말로 그 선택이 합리적인지 생각해 보는 것입니다.

기회 비용을 이해하면 더 현명한 선택을 할 수 있어요. 다음번에 선택의 기로에 섰을 때, '내가 포기하는 것의 가치는 무엇일까?'를 한 번 생각해 보세요. 지금 내가 하지 않은 선택 속에도 어쩌면 또 다른 기회가 숨어 있을지 모르니까요.

합리적 선택과 매몰 비용

❝ 기회 비용을 이해했다면 이제 한 걸음 더 나아가 합리적 선택이 무엇인지 알아볼 차례입니다. 경제학에서 말하는 합리적 선택은 우리가 흔히 생각하는 '똑똑한 선택'과는 좀 다릅니다. 일정한 원칙과 논리에 따라 일관되게 의사 결정을 내리는 방식을 말하거든요.

그런데 우리가 합리적인 선택을 하려고 할 때 가장 큰 방해가 되는 게 있어요. '아까우니까 그냥 계속하자.'는 생각입니다. 경제학에서는 이런 현상을 '매몰 비용에 대한 잘못된 집착'이라고 해요.

우리는 일상에서 수없이 많은 비합리적 선택을 합니다. 재미없는 영화를 '푯값이 아까워서' 끝까지 보고, 맛없는 음식을 '돈이 아까워서' 다 먹고, 하기 싫은 시험 준비를 '지금까지 한 게 아까워서' 계속하죠. 이 모든 선택의 배경에는 매몰 비용에 대한 잘못된 이해가 자리 잡고 있습니다.

매몰 비용이라는 함정

매몰 비용이란, 이미 써버린 돈이나 시간처럼 어떻게 해도 다시 되돌릴 수 없는 것들, 즉 이미 지출되어 회수할 수 없는 비용을 말해요. 영어로는 선크 코스트(sunk : 가라앉은, cost : 비용)라고 하는데, 물에 가라앉아 건져 올릴 수 없는 비용이라는 뜻입니다.

앞으로 무엇을 할지 결정할 때 이러한 매몰 비용을 고려하면 안 된다는 점이 중요합니다. 어차피 되돌릴 수 없는 일 때문에 미래의 선택까지 망치면 안 되잖아요?

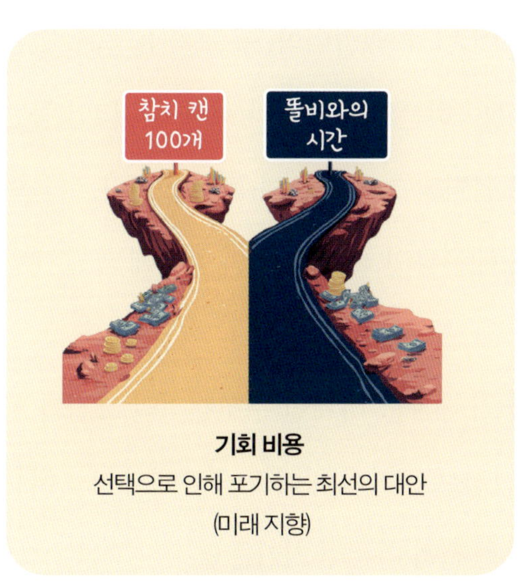

기회 비용
선택으로 인해 포기하는 최선의 대안
(미래 지향)

매몰 비용
이미 지출되어 되돌릴 수 없는 비용
(과거 지향)

그림 5 기회 비용과 매몰 비용을 비교해 보기

예를 들어 음식을 주문했는데 막상 받아보니 입맛에 맞지 않고 식재료도 썩 좋아 보이지 않습니다. 심지어 교환이나 환불도 불가능한 상황이에요. 이때 이미 지불한 음식값은 매몰 비용입니다.

이런 상황에서 '돈 주고 시켰는데 안 먹으면 아깝다.'는 생각으로 꾸역꾸역 음식을 먹는다면, 이는 매몰 비용에 휘둘린 비합리적 선택이에요. 이미 지불한 음식값은 어차피 돌아오지 않으니까요.

그럼 어떻게 해야 할까요? 이미 지불한 돈은 생각하지 말고, '이 음식을 끝까지 먹었을 때 얻는 것'과 '먹지 않고 그 시간을 다른 일에 쓸 때 얻는 것'만 비교해서 결정해야 합니다 .

돈뿐만 아니라 시간도 매몰 비용이 될 수 있습니다. 특히 자주 볼 수 있는 모습이 '지금까지 한 게 아까워서' 계속하는 경우입니다. 예를 들어 1년 동안 기타를 배웠는데 별로 재미도 없고 실력도 늘지 않는다고 해 봅시다. 그동안 들인 시간이 아까워서 기타를 계속 배운다면, 매몰 비용의 함정에 빠진 것입니다.

물론 꾸준함과 인내심은 중요한 가치예요. 하지만 무조건적인 고집과 합리적인 판단은 구별해야 합니다. 진정으로 가치 있다고 생각해서 계속하는 것과 단순히 아까워서 계속하는 것은 전혀 다른 동기거든요.

주식 투자에서도 비슷한 현상이 나타납니다. 어떤 주식을 10만 원에 샀는데 가격이 7만 원으로 떨어졌어요. 이때 "3만 원 손해를 보고 팔 수는 없다"며 계속 보유하는 것이 매몰 비용 오류입니다. 이미 떨어진 가격, 즉 3만 원은 매몰 비용이므로 '앞으로 이 주식이 오를 가능성'과 '다른 투자 기회'만을 고려해서 판단해야 하죠.

합리적 선택의 기준 : 한계 분석

그렇다면 진정으로 합리적인 선택은 어떻게 할 수 있을까요? 경제학에서 제시하는 답은 '한계 분석'입니다.

한계 분석이란, '추가로 하나 더'를 기준으로 생각하는 방법이에요. 쉽게 말해 지금까지 한 것은 제쳐두고, 앞으로 하나 더 할 때의 손익만 따져보자는 거예요.

예를 들어 시험 공부를 4시간 했는데 1시간을 더 할지 말지 고민이라면, 4시간은 매몰 비용이므로 고려하지 않고 '추가로 1시간 더 공부했을 때 얻는 이익'과 '그 1시간을 다른 일에 쓸 때 얻는 이익'을 비교하는 것입니다. 추가 1시간 공부로 얻는 이익이 기회 비용보다 크다면 공부를 계속하는 것이 합리적입니다. 반대라면 공부를 멈추는 것이 합리적이고요. "지금까지 4시간이나 했으니까 조금 더 해야지" 같은 생각은 매몰 비용에 휘둘린 비합리적 판단입니다.

매몰 비용을 제대로 이해하려면, 손실을 인정하는 용기가 필요합니다. 인간은 본능적으로 손해 보는 것을 싫어합니다. 같은 크기의 이익과 손실이 있으면, 손실로 인한 고통을 이익으로 인한 기쁨보다 더 크게 느끼죠.

하지만 때로는 작은 손실을 인정함으로써 더 큰 손실을 막을 수 있습니다. 감기 초기에 하루 푹 쉬면 될 걸 계속 무리하다가 더 큰 병으로 키우는 것과 같은 이치예요.

평행우주 체험권을 얻게 된다면?

어느 날 똘비와 여러분은 길에서 신비한 구슬을 발견했습니다. 구슬에서 나온 목소리가 말하길, "당신에게 평행우주 체험권을 드립니다! 지금까지 살아온 인생에서 단 하나의 선택을 바꿔볼 수 있어요. 그 선택을 바꾼 평행우주에서 24시간을 체험한 후, 원래 세계로 돌아갈지 평행우주에 남을지 결정하세요. 단, 기회는 딱 한 번뿐입니다."

평행우주의 신기한 규칙들 ◑

⇄ 과거의 선택 하나를 마음대로 바꿀 수 있다 ⇧ 24시간 동안 바뀐 세계를 체험할 수 있다

◎ 체험 후 원래 세계 vs 평행우주 중 하나만 선택해서 살아야 한다

 ## 더 알아볼 것 & 생각해 볼 점

- 내가 바꾸고 싶은 과거의 선택은 무엇인가? 그 선택을 바꾸면 지금 나는 어떻게 달라져 있을까?
- 평행우주에서 24시간을 보낸 후, 나는 어떤 세계를 선택할까?
- 선택하지 않은 세계에서 포기하게 되는 가장 소중한 것은 무엇일까? (이것이 바로 기회 비용!)
- 현실에서 내가 하는 작은 선택들이 미래의 나를 바꿀 수 있을까?

활동지 작성 TIP 평행우주라는 설정을 통해 선택하지 않은 길의 가치를 구체적으로 상상해 보고, 왜 그 선택을 포기했는지, 무엇을 얻고 무엇을 잃는지 구체적으로 작성해 보세요. 하나를 선택하기 위해 포기한 것 중 가장 가치 있는 것이 바로 기회 비용임을 깨닫는 것이 이 사고 실험의 목적입니다.

나는야 선택 투자 전문가

"어제 새 운동화를 샀는데, 집에 와보니 비슷한 신발이 3켤레나 있더라고요. 이런 게 바로 돈 낭비일까요?" "꼭 그렇지는 않을 거야. 그 운동화가 너에게 얼마나 큰 만족을 주는지에 따라 다르지! 우리가 매일 하는 선택들은 사실 다 '투자'야. 오늘은 네 선택이 현명한 투자였는지 분석해 보자!"

1단계 : 나의 최근 투자(선택) 분석하기

● 최근 1개월 내 중요한 선택 2가지를 적어 보기

선택한 것	투입 자원	기대 효과	실제 결과	만족도
예: 학원 등록	40만 원 / 월 20시간	성적 향상	수학 15점↑	4점

2단계 : 기회 비용 vs 매몰 비용 찾기

● 기회 비용 분석

선택한 것　　　: ______________________________________

포기한 것들　　: ______________________________________

가장 아쉬운 것 : ______________________________________

(↑ 이게 진짜 기회 비용!!)

● 매몰 비용 경험

'이미 돈/시간을 썼으니까 계속해야지'라고 생각했던 경험이 있다면?

____

3단계 : 투자 원칙 세우기

● 상황별 선택 연습

예시: 3만 원짜리 온라인 강의가 너무 지루하지만, 이미 1시간이나 들었다! 나의 선택은?

☐ 돈이 아까우니 끝까지 듣는다.
☐ 시간이 아까우니 그만둔다.
☐ 기타: _______________________________

● 나의 투자 우선순위 (3개만 선택)

☐ 건강　☐ 학업　☐ 인간관계　☐ 취미　☐ 자기계발　☐ 기타: _________________

4단계 : 나만의 투자 원칙 완성

"나는 _______________________________ 하는 선택을 하겠다."

현금? 카드?
우리가 돈을 쓰는 방법

▷ 이번 시간
유튜브 영상 보기

개념
키움

지불 수단

물건을 살 때 돈을 내는 방법을 말한다. 현금, 신용카드, 체크카드, 계좌 이체, 모바일 페이, 암호 화폐 등이 있으며 각각 편의성, 안전성, 수수료, 사용 범위 등이 다르다. ●

"자, 이번엔 미션을 하나 해결하면서 가치 창출에 대해 심화 학습을 해 보자!"

명석 쌤의 말에 펭수가 기대에 찬 목소리로 외쳤다.

"오오~, 좋습니다!"

쌤이 꺼내든 건 검은색 박스 하나.

"이 안에 선생님의 소중한 물건들이 들어있어. 무엇인지 모르는 상태로 한번 뽑아 볼래?"

"오, 제가 먼저!" 호들갑스럽게 손을 뻗은 똘비가 꺼낸 건…. "마이크?"

"선생님이 강의 연습할 때 썼던, 혼이 담긴 마이크야."

쌤이 흐뭇한 표정으로 말하자 똘비가 마이크에 코를 갖다 댔다.

"킁킁, 어쩐지 냄새가…."

이번엔 펭수 차례.

우당탕 요란법석 끝에 꺼낸 건, 또 하나의 박스였다.

"이건 뭐죠?"

"열어 봐."

펭수가 박스를 열자, 긴 줄이 달린 회중 시계가 나왔다. 명석 쌤이 자랑스럽게 말했다.

"그건 선생님이 애정하는 시계야!"

그리고 쌤은 웃으며 새로운 과제를 냈다.

"이제부터 이 물건들의 가치를 창출해서 서로에게 팔아 보는 거야."

펭수가 먼저 나섰다.

"이 시계는요, 그냥 시계가 아닙니다. 전생 체험이 가능합니다! 하나, 둘, 셋…. 레드선!"

그러자 똘비가 최면에 걸린 듯, 발라당 누워 버리는 것이 아닌가.

"넓어요, 하늘이 넓어요…. 오! 제가 날고 있어요!!"

쌤이 웃음을 참으며 중얼거렸다.

"이건 전생이 아니라 그냥 꿈 아니야?"

펭수가 정색하며 똘비에게 물었다.

"자, 체험료로 얼마를 주시겠습니까?"

"너무 재밌어서 가진 돈 몽땅 다!"

"오, 대박! 감사합니다!"

이번엔 똘비 차례.

"이 마이크는요, 고민을 말하면 해결해 주는 마이크입니다!"

펭수는 바로 고민을 꺼냈다.

"저녁으로 참치 찌개랑 돼지국밥 중 뭘 먹을지 고민이거든요."

"(펭수의 말이 끝나기 무섭게) 그냥 둘 다 드세요!"

"…와, 완전 감동! 바로 해결됐네요. 내가 날 과소평가했어."

명석 쌤이 펭수에게 물었다.

"그럼 똘비의 상담 가치는 얼마?"

"지불 안 하겠습니다!"

펭수의 망설임 없이 단호한 대답에 쌤이 황당하다는 듯 물었다.

"에? 지금 그걸로 감동까지 했잖아?"

잠시 후. 두 사람은 각자 번 돈을 정리하기 시작했다. 똘비는 밑장빼기(?)로 펭수에게서 빼앗은 2천 원이 고작이었지만, 펭수가 소위 '전생 체험' 시계로 번 돈은 지폐가 한 뭉치에 달했다.

펭수가 주섬주섬 지폐를 주워 들며 말했다.

"저 졸지에 부자 됐어요! … 그런데 이거 넣을 데가 없어요."

쌤이 말했다.

"그러고 보니, 최근엔 현금을 이렇게 들고 다니는 일이 없었지?"

"맞아요! 맨날 카드만 쓰니까요."

"나는 이거! 핸드폰에 있는 페이!"

앞다퉈 말하던 펭수와 똘비가 의아하다는 듯 덧붙였다.

"그런데, 어떻게 카드로 돈을 쓸 수 있는 거지? 그 돈은 어디 있는 거야?"

현금과 카드 그리고 다양한 지불 수단들

“ 아침에 편의점에서 삼각김밥을 사거나, 점심시간에 학교 매점에서 아이스크림을 사거나, 방과 후에 카페에서 친구들과 음료를 주문할 때, 어떤 방식으로 값을 지불하나요? 지갑에서 지폐를 꺼내기도 하고, 카드를 꺼내 결제하기도 하고, 스마트폰을 터치하기도 할 거예요.

이런 일상적인 결제 과정은 단순해 보이지만, 실제로는 수백 년에 걸친 화폐와 금융 시스템의 발전이 만들어 낸 결과입니다.

더 중요한 것은 이러한 지불 수단들이 우리의 소비 행동과 경제 생활에 서로 다른 영향을 미친다는 점이에요. 현금을 사용할 때는 눈앞에서 돈이 사라지므로 더 신중하게 소비하지만, 카드나 휴대폰으로 살 때는 상대적으로 쉽게 결제하는 경험을 한 적이 있을 거예요. 이처럼 같은 값의 물건을 사더라도 현금으로 살 때와 카드로 살 때, 휴대폰으로 결제할 때 각각 감정이나 행동이 달라집니다.

또 현금은 잃어버리면 찾기 힘들지만, 카드는 분실 신고를 할 수 있죠.

카드나 휴대폰 결제는 사용 내역이 자동으로 기록되니 현금에 비해 관리하기 쉽습니다. 즉, 어떤 방식으로 돈을 내느냐에 따라 우리가 돈을 쓰는 습관, 관리하는 방법, 심지어 소비하고 싶은 욕구까지도 달라지는 것입니다.

현금 : 화폐 경제의 출발점

현금은 우리가 가장 익숙하게 알고 있는 화폐입니다. 1만 원짜리 지폐나 500원짜리 동전처럼 눈에 보이고 손에 잡히는 돈이죠. 이런 현금을 '법정 화폐' 또는 '실물 화폐'라고 불러요. 쉽게 말해 국가가 "이건 진짜 돈이야!"라고 법적으로 보장해 주는 화폐라는 뜻이에요.

현금이 가진 가장 중요한 특징은 화폐의 기본 기능을 모두 완벽하게 수행한다는 점입니다. 앞서 첫 번째 수업에서 배웠듯이 화폐는 크게 세 가지 역할을 하는데, 현금은 이 모든 걸 다 할 수 있거든요. 41페이지 참고

첫째, 교환의 매개 기능부터 볼까요? 과거에는 쌀과 옷을 직접 바꾸는 물물 교환을 했지만, 현금이 있으면 쌀을 현금으로 바꾸고 그 현금으로 옷을 살 수 있습니다. 둘째, 현재 벌어들인 돈을 현금으로 보관했다가 나중에 사용하는 저장 기능을 합니다. 셋째, 햄버거 5천 원, 영화표 1만 원처럼 모든 상품과 서비스의 가격을 현금으로 표시할 수 있습니다. 즉, 가치를 측정하는

척도(공통된 기준)가 되는 것입니다.

현금의 심리적 효과와 한계

현금의 가장 큰 장점은 소비, 즉 돈을 쓴다는 걸 생생하게 느낄 수 있다는 거예요. 행동경제학 연구에 따르면, 사람들은 카드보다 현금으로 지불할 때 더 신중하게 소비하는 경향이 있습니다. 아래 내용 참고 지갑에서 지폐를 꺼내서

행동경제학에서 말하는 '지불의 고통'이란?

지불의 고통이란, 돈을 낼 때 느끼는 아까운 마음이나 불편한 감정을 말한다. 이 개념은 댄 애리얼리(Dan Ariely)라는 행동경제학자가 유명하게 만들었다. 참고로, 행동경제학은 사람들이 내리는 경제적인 의사 결정을 심리학의 관점에서 연구하는 학문이다.

그렇다면 사람들은 어떤 상황에서 지불의 고통을 가장 크게 느낄까?

바로 현금으로 지불할 때다. 지갑에서 돈이 줄어드는 게 눈에 보이고, 실제로 돈을 건네주는 행동을 해야 하기 때문이다.

반면, 카드나 휴대폰 결제는 돈이 나가는 느낌이 덜해서 지불의 고통이 작다. 기업들은 이를 이용해 간편 결제 시스템을 만들거나, 할부나 구독 서비스를 통해 한 번에 큰돈을 내지 않게 한다. 각종 월 요금제, 다양한 소액결제 등이 대표적인 예이다.

건네는 물리적 행위 덕분에 '아, 내가 정말 돈을 쓰고 있구나.'라는 기분이 더 생생해지기 때문이에요.

또한 현금은 개인정보 보호와 거래의 완결성이라는 장점도 있습니다. 현금 거래에는 제삼자가 개입하지 않으므로 프라이버시가 완벽하게 보호돼요. 여기서 '제삼자'라는 건 나와 가게 사장님이 아닌 다른 누군가를 말하죠. 현금으로 결제할 때는 내가 가게 사장님에게 직접 돈을 건네주면 그걸로 끝이니까요. 은행이나 카드 회사, 결제 앱 회사 같은 중간 업체들이 전혀 끼어들지 않는다는 뜻입니다.

반면에 카드나 휴대폰으로 결제하면 어떨까요? 카드 회사나 은행, 결제 시스템 회사들이 모두 '누가, 언제, 어디서, 무엇을, 얼마에 샀는지'를 알게 돼요. 하지만 현금은 그런 기록이 전혀 남지 않아서 거래에 관한 정보가 온전히 보호될 수 있습니다.

정전이나 통신 장애 같은 상황에서도 사용할 수 있다는 것도 현금의 큰 장점이죠.

그런데 요즘엔 현금을 사용하는 사람들이 눈에 띄게 줄어들고 있다는 사실, 느끼나요? 코로나19 이후 비대면 결제가 늘어나면서 이런 현상은 더욱 가속화되고 있습니다. 실제로 많은 카페나 음식점은 물론, 심지어 버스에서까지 '카드 결제만 가능합니다.'라는 안내문을 볼 수 있고, 온라인 쇼핑이 일상화되면서 현금을 사용하는 일이 계속 줄어들고 있어요.

이런 변화에는 분명한 이유가 있는데요. 바로 현금의 한계 때문입니다.

첫째, 분실이나 도난의 위험이에요. 지갑을 잃어버리거나 소매치기를 당하면 그 돈은 영영 돌아오지 않아요. 카드처럼 분실 신고를 할 수도 없고, 보험으로 보상받을 수도 없죠.

둘째, 보관과 휴대의 불편함이에요. 큰 금액을 현금으로 가지고 다니기엔 부담스럽고, 집에 보관하기도 마땅치 않죠. 10만 원만 되어도 지갑이 두툼해지는 걸 생각해 보세요.

셋째, 디지털 시대와의 부조화예요. 온라인 쇼핑몰에서 옷을 사거나, 넷플릭스 구독료를 내거나, 게임 아이템을 살 때는 현금을 사용할 수 없어요. 요즘 같은 디지털 시대에는 정말 불편합니다.

넷째, 지출 관리의 어려움이에요. 현금은 거래 내역이 자동으로 기록되지 않아서 가계부나 회사 장부를 작성하고 관리하는 데 별도의 노력이 필요해요.

이런 한계 때문에 전 세계적으로 대부분의 국가가 캐시리스 사회(현금 없는 사회)로 빠르게 바뀌어 가고 있어요. 하지만 그렇다고 현금이 완전히 사라질까요? 그건 또 다른 이야기겠죠.

체크카드 : 전자 화폐 시대의 현명한 선택

체크카드는 은행 예금 계좌와 직접 연결되어 있어서, 결제하는 순간 해당 금액이 계좌에서 즉시 차감되는 카드입니다. 내 통장에 있는 돈을 카드로 편리하게 쓸 수 있도록 해주죠.

한 마디로, '전자 방식으로 작동하는 현금'이라고 할 수 있습니다. 지폐나 동전 대신 전자 신호로 돈이 이동할 뿐, 보유한 돈의 범위 내에서만 소비가 이루어지기 때문이에요. 예를 들어 지갑에 1만 원이 있고 딱 현금만 써야 한다면 1만 원 이상의 돈을 쓸 수 없죠. 체크카드도 마찬가지로, 통장에 1만 원이 있으면 1만 원까지만 쓸 수 있고, 그 이상은 절대 쓸 수 없습니다.

이처럼 체크카드는 현금의 편리함과 전자 결제의 장점을 결합한 것입니다. 현금처럼 자신이 가진 돈만 쓸 수 있어서 안전하면서도, 카드의 편의성을 누릴 수 있습니다. 현금으로는 OTT 구독 요금을 결제하거나 온라인 쇼핑몰에서 해외 직구를 할 수 없지만, 체크카드가 있다면 가능하죠! 그뿐인가요. 사용 내역이 전자적으로 기록되어서 은행 앱이나 인터넷 뱅킹을 통해 언제든 확인할 수 있어서 지출을 관리하기도 편리합니다.

신용카드 : 신용 경제의 원리

퀴즈 하나! 신용카드와 체크카드는 무엇이 다를까요? 겉모양은 거의 똑같은데 말이죠. 정답은 바로 '누구 돈을 쓰느냐'예요!

체크카드가 '내 통장에 있는 내 돈을 쓰는 카드'라면, 신용카드는 '카드 회사 돈을 잠깐 빌려 쓰는 카드'죠! 체크카드는 통장에 들어있는 금액만큼만 쓸 수 있지만, 신용카드는 통장이 텅 비어 있어도 카드 회사가 정해준 한도까지 쓸 수 있어요. 이처럼 모양은 같아도, 작동하는 원리는 완전히 다르답니다.

"두 카드를 구분하기 어려운 기본적인 이유는 카드의 물리적 특성을 국제 표준으로 정해 놓았기 때문이야. 1970년대까지는 카드 회사와 은행마다 다른 크기의 카드를 발행하다 보니 국제적으로 사용하기가 어려웠어. 그래서 어떤 ATM 기기에서도 사용할 수 있도록 모든 카드의 크기와 두께를 똑같이 정했단다. 그 결과, 체크카드와 신용카드의 기본 형태가 같아지게 된 거야."

신용카드는 현대 금융 시스템의 가장 혁신적인 발명품 중 하나입니다. 카드 회사가 고객의 신용을 믿고, 서로 약속한 금액까지 돈을 미리 빌려주는 시스템이죠.

이를 이해하려면 신용이라는 개념부터 알아야 합니다.

신용이란, 미래에 약속을 지킬 것이라는 믿음을 경제적으로 평가한 것입니다. 카드 회사는 개인의 소득, 직업, 과거 금융거래 이력 등을 종합적으로 분석해서 이 사람이 빌린 돈을 성실하게 갚을 능력과 의지가 있는지를 판단해요. 이런 평가 결과가 바로 신용 등급이고, 신용 등급에 따라 카드를 발급해 줄지 말지, 카드로 얼마까지 지불할 수 있게 할지(카드 사용 한도) 등이 결정됩니다.

이러한 신용카드 시스템은 카드 회사, 상점, 소비자가 모두 이익을 얻는 구조로 설계되어 있습니다.

소비자는 현재 돈이 없어도 필요한 구매를 할 수 있어요. 상점은 매출이 늘어나고 현금 관리 부담이 줄어듭니다. 카드 회사는 상점에서 받는 수수료와 소비자에게 받는 연회비 등으로 수익을 얻습니다.

디지털 시대의 새로운 지불 수단들 : 간편 결제와 가상 화폐

최근에는 스마트폰을 이용한 간편 결제 서비스들이 폭발적으로 늘어나고 있습니다. 삼성페이, 애플페이, 카카오페이, 네이버페이, 토스페이 등이 대표적이죠. 이들은 기존의 카드 시스템을 기반으로 하되, 더 편리하고 안전한 결제 환경을 제공해요.

간편 결제의 가장 큰 매력은 지갑 없이도 모든 결제가 가능하다는 점이에요. 스마트폰만 있으면 편의점에서 물건을 사거나, 지하철을 타거나, 온라인 쇼핑을 하는 등의 모든 상황에서 결제할 수 있죠. 카드를 꺼낼 필요도 없고, 비밀번호를 누를 필요도 없이 스마트폰에 지문이나 얼굴 인식만 하면 끝!

이처럼 간편 결제는 편리한 동시에, 보안 면에서도 기존 카드보다 더 안전한 기술을 사용해요. 생체 인식(지문, 얼굴, 홍채 등), 토큰화 기술, 암호화 등 여러 겹의 보안 장치가 있거든요. 실제 카드 정보는 노출되지 않고, 일회용 코드를 생성해서 결제하기 때문에 해킹을 당하더라도 피해를 최소화할 수 있답니다.

한편, 가상 화폐나 CBDC(중앙은행 디지털화폐), 스테이블 코인 같은 완전히 새로운 형태의 화폐도 등장하고 있어요.

가상 화폐는 블록체인 145페이지 참고 기술을 바탕으로 한 디지털 화폐로, 비

블록체인

블록체인은 디지털 기록을 여러 컴퓨터에 나누어 보관하는 기술이다. 예를 들어 A가 B에게 1만 원을 보냈다고 하자. 기존에는 은행이 이 거래를 기록하고 관리했다. 하지만 블록체인에서는 수많은 컴퓨터가 동시에 "A가 B에게 1만 원을 보냈다"는 기록을 저장한다.

이 기록들은 블록이라는 상자에 담겨서 체인처럼 연결된다. 한 번 기록된 내용은 지우거나 바꿀 수 없다. 왜냐하면 모든 컴퓨터가 같은 기록을 가지고 있어서, 누군가 임의로 바꾸려 해도 다른 컴퓨터들이 "그건 틀렸다"고 말하기 때문이다.

블록체인의 가장 큰 장점은 중간에 관리하는 기관이 필요 없다는 것이다. 은행 없이도 안전하게 돈을 주고받을 수 있고, 모든 거래 내역을 투명하게 확인할 수 있다. 비트코인이 가장 유명한 블록체인 활용 사례이며, 최근에는 게임 아이템 거래, 졸업증명서 발급, 투표 시스템 등 다양한 분야에서 사용되고 있다.

트코인이나 이더리움 등이 대표적입니다. 정부나 은행의 개입 없이도 거래할 수 있다는 게 특징이죠.

CBDC는 중앙은행이 직접 발행하는 디지털 화폐로, 현재 여러 나라에서 연구하고 시범 운영 중이에요. 우리나라에서도 한국은행이 디지털 원화 연구를 진행하고 있습니다.

요즘에는 스테이블 코인이라는 새로운 디지털 화폐가 주목받고 있어요. 스테이블 코인은 '1코인 = 1달러'처럼 실제 돈과 같은 가치를 유지하는 가상 화폐예요. 다른 가상 화폐들과는 달리 상대적으로 가격이 크게 오르락내리락하지 않아서 마치 디지털 달러처럼 사용되고 있습니다.

현금만 쓰는 마을 vs 카드만 쓰는 마을

이상한 포털을 통해 다른 세계로 떨어졌어요! 이 세계에는 세 개의 마을이 있는데, 각각 완전히 다른 결제 시스템을 가지고 있다네요. 이 중 한 마을에서 1년간 살아야 해요!

다음 중 어떤 마을을 선택하겠어요? 그리고 그 마을에서 어떻게 살아남을 생각인가요?

현금 마을의 규칙 ◑ 모든 거래가 100% 현금으로만 가능 •물건을 살 때마다 지갑이 점점 얇아지는 게 눈에 보여서 쓸 때마다 몸이 아파짐 •온라인 쇼핑은 없고, 정전되어도 거래 가능

카드 마을의 규칙 ◑ 모든 거래가 100% 신용카드로만 가능 •한 달 뒤에 청구서가 도착하면 크게 아프지만, 쓸 때는 전혀 아프지 않음 • 모든 구매 기록이 자동으로 남음

디지털 마을의 규칙 ◑ 모든 거래가 스마트폰 터치로만 가능 •AI가 "오늘 커피 너무 많이 마셨어요" 등 실시간 경고 •스마트폰 배터리가 없으면 아무것도 살 수 없음

 ## 더 알아볼 것 & 생각해 볼 점

● 각 마을에서 1년간 산다면, 내 소비 습관은 어떻게 바뀔까?
● 현실에서는 다양한 결제 수단을 선택할 수 있다. 이것이 나에게 주는 '자유'와 '위험'은 무엇일까?

활동지 작성 TIP 각 마을에서의 생활을 구체적으로 상상해 보고, 내게 맞는 소비 스타일과 결제 습관을 찾아봅시다. 지불 수단의 특성에 따라 더 자세한 마을별 규칙을 세워 보는 것도 좋아요! 결제 방식이 우리의 소비 감각을 어떻게 바꾸는지 깨닫는 데 그 목적이 있습니다.

계획 소비를 위한 결제 습관 자가 진단표

"나는 왜 맨날 '이거 꼭 필요해!'라고 사놓고, 집에 오면 '왜 샀지…?'
후회하는 걸까?! 좋아, 오늘부터 내 소비 습관을 점검하고
계획적인 소비 습관을 만들어 보겠어!"

나의 소비 습관 자가 진단 (각 질문에 '예' 또는 '아니오'로 답해주세요.)

❶ 현금으로 살 때, 돈을 쓰고 있다는 느낌을 강하게 받는다.　　　　　　예 □ 아니오 □

❷ 물건을 사기 전에 "정말 필요한가?" 스스로에게 묻는다.　　　　　　예 □ 아니오 □

❸ 같은 물건이라도 가격을 비교해 본다.　　　　　　예 □ 아니오 □

❹ 용돈이 얼마 남았는지 자주 확인한다.　　　　　　예 □ 아니오 □

❺ '세일', '한정판', '마감 임박' 같은 말에 쉽게 흔들린다.　　　　　　예 □ 아니오 □

❻ 친구들과 함께 있을 때 더 많이 사게 된다.　　　　　　예 □ 아니오 □

❼ 카드나 앱으로 결제하면, 더 쉽게 사게 된다.　　　　　　예 □ 아니오 □

❽ 구매하고 나서 "왜 샀지?" 후회한 적이 자주 있다.　　　　　　예 □ 아니오 □

❾ 스트레스받을 때 쇼핑으로 기분 전환을 한다.　　　　　　예 □ 아니오 □

❿ 온라인 쇼핑몰을 자주 구경한다.　　　　　　예 □ 아니오 □

⓫ 결제 후 사용 내역을 확인하지 않는다.　　　　　　예 □ 아니오 □

⓬ 갖고 싶은 게 생기면 바로바로 사는 편이다.　　　　　　예 □ 아니오 □

1~4번 문항 : 예 1점, 아니오 0점
5~12번 문항 : 예 0점, 아니오 1점　　　　　⇨ **내 점수 : _____ / 12점**

나의 소비 유형 찾기

계획 소비형 　9~12점　→　**경제학에서 말하는 이상적인 타입으로, 합리적 소비자!**
후회 없는 소비, 목돈 모으기 가능, 재정 관리 우수! 단, 너무 아끼다가 진짜 필요한 것도
못 살 수 있음.

혼합형 　5~8점　→　**상황에 따라 계획적이기도, 충동적이기도 한 타입**
평소엔 합리적이지만 특정 조건에서 감정적 소비. 적당한 균형감과 상황 판단력이 있음.
단, 언제 충동 구매하는지 패턴 파악이 필요함.

충동 소비형 　0~4점　→　**감정과 순간의 욕구에 따라 소비하는 타입**
현재 만족을 우선시하고 기회 비용에 대한 고려가 부족함. 스트레스 해소 효과가 있으나,
즉흥적인 소비로 인하여 나중에 더 중요한 것을 살 돈이 부족할 수 있음.

내 유형에 맞는 개선 전략

● 계획 소비형 → **적절한 소비 늘리기**　예시 : 한 달에 한 번은 나를 위한 합리적 소비하기
● 혼합형 → **충동 구매 패턴 파악하기**　예시 : 언제 충동 구매하는지 기록해 보기
● 충동 소비형 → **멈춤 습관 만들기**　예시 : 결제 전 10초간 멈추고 기회 비용 생각하기

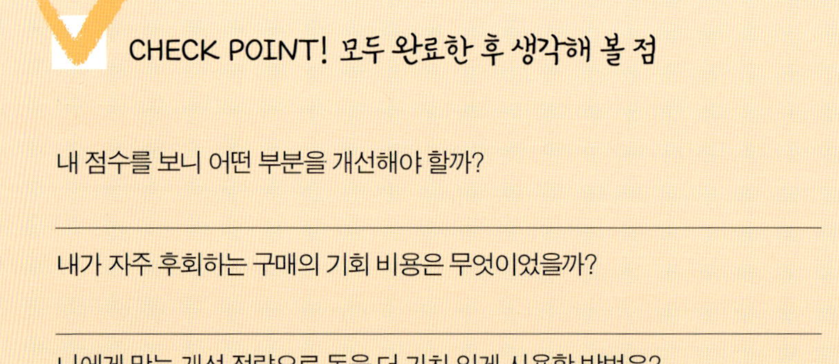

CHECK POINT! 모두 완료한 후 생각해 볼 점

내 점수를 보니 어떤 부분을 개선해야 할까?

____

내가 자주 후회하는 구매의 기회 비용은 무엇이었을까?

____

나에게 맞는 개선 전략으로 돈을 더 가치 있게 사용할 방법은?

____

투자와 미래를 위한 경제 설계

세 번째 수업

미래를 위한 지혜= 투자의 역사와 개념, 물가와 인플레이션이란, 소비의 함정들

세 번째 수업
전체 보기

미래를 위한 경제 활동, 투자

▷ 이번 시간
유튜브 영상 보기

개념 키움

투자와 이익

투자는 미래의 더 큰 이익을 기대하며 현재의 돈이나 시간을 사용하는 것이고, 이익은 투자로 얻는 수익이다. 투자의 대상에는 주식, 부동산, 교육 등이 있으며, 높은 수익을 기대할수록 손실 …

오늘도 평화로운 키움 초등학교 교실.

펭수는 책상 위에 뭔가를 세팅하더니, 진지하게 선언했다.

"똘비야, 난 지금부터 복습 들어간다!"

똘비가 눈썹을 찌푸리며 물었다.

"복습이요? 뭘 복습해요?"

"레모네이드 제조 실습이지!"

펭수는 당당하게 셰이커를 흔들기 시작했다.

"그게 무슨 복습이에요? 저희 그런 수업 한 적 없는데요?"

"아니지! 물과 레몬, 그리고 내 열정이 만나서 새로운 가치를 만들어 내는 거야. 이게 바로 가치 창출!"

펭수는 의미심장하게 말했다. 하지만 셰이커를 너무 흔들어대는 바람에 똘비는 혼이 나가는 기분이었다.

"그만하세요! 저 진짜 어지러워요!"

"됐어! 완성! 자, 똘비야, 이거 한 잔 마셔 봐!"

똘비에게 잔을 내민 후, 펭수는 유난히 멀리 떨어져서 섰다. 똘비가

위험도 커진다. 특히 젊을 때부터 꾸준히 투자하면 복리 효과로 시간이 지날수록 더 큰 이익을 얻을 수 있다. 🔸

의심스러운 표정으로 잔을 바라보며 물었다.

"진짜 마셔도 되는 거죠?"

"그럼, 그럼. 얼음도 넣었지롱~."

그렇게 떠들썩한 레모네이드 타임이 끝나갈 무렵, 교실 문이 열리고
한 사람이 들어왔다.

펭수와 똘비는 동시에 고개를 들었다.

"어? 누구세요?"

"안녕! 나는 다음 과정 수업을 맡게 된 권
지현 선생님이야! 앞으로 잘 부탁해."

펭수와 똘비는 눈을 동그랗게 떴다.

"저희는 원래 명석 쌤 반인데요?"

지현 쌤이 환하게 웃으며 말했다.

"명석 쌤 대신 내가 그 자리를 대신 맡게 됐단다!"

똘비가 깜짝 놀라며 물었다.

"헉, 그럼 자리를 빼앗으신 거예요?"

"맞아. 경쟁에서 이겼지, 뭐."

펭수는 손뼉을 치며 말했다.

"축하드려요! 선생님이 오실 줄 알고 웰컴 드링크를 준비했어요!"

지현 쌤은 반신반의하며 물었다.

"이거 마셔도 되는 거 맞지?"

"그럼요, 저희 손도 깨끗이 씻었어요!"

잔을 입에 댄 쌤은 눈을 찡그리더니,
뜻밖에도 한 마디를 덧붙였다.

"상큼하네? 기분 좋아지는 맛이야!
그럼 상큼한 기운으로 수업을 시작해 볼까?"

지현 쌤은 판서를 시작하며 물었다.

"얘들아, 지난 시간에 배운 거 기억나?"

펭수가 힘차게 외쳤다.

"종잣돈은 시드머니입니다!"

"맞아! 그 종잣돈을 잘 굴리면 더 큰돈이 될 수 있지. 그걸 가능하게 해
주는 방법이 바로 오늘 배울 투자란다. 투자란, 어떤 이득을 얻기 위해서
내가 가진 돈이나 시간, 노력을 쏟아붓는 거야."

쌤의 말이 끝나기 무섭게 똘비가 나섰다.

"그럼 이득을 얻으려면 비싸게 사서 싸게 팔면 되나요? 아니, 아니… ,
싸게 사서…. 어…, 뭐였지?"

펭수가 고개를 저었다.

"아니죠! 싸게 사서 비싸게 파는 겁니다! 그게 기본이죠!"

지현 쌤은 손뼉을 치며 말했다.

"정답! 바로 그 차액이 이익이 되는 거야. 예를 들어 도매로 물건을 싸게 들여와서, 소매로 조금 더 비싸게 파는 게 바로 합법적인 이윤 창출 방식이지."

펭수가 잠시 생각하더니 물었다.

"근데 왠지 좀 얌체 같지 않아요? 나는 싸게 샀는데 남한테 비싸게 팔면…."

똘비가 어깨를 으쓱하며 말했다.

"그게 바로 시장이죠. 서로 필요해서 사고파는 거니까요."

쌤이 웃으며 말했다.

"맞아. 중요한 건 정직하고 합법적인 방식으로 가치를 더하고, 서로 이익을 나누는 것이란다. 그게 바로 진짜 투자야."

미래를 위한 지혜, 투자

    요즘 '투자'라는 말을 정말 많이 듣지 않나요? 뉴스에서도, 유튜브에서도, 심지어 친구들 대화에서도 자주 등장하는 단어예요. 그런데 투자라는 단어를 들으면 어떤 생각이 먼저 드나요? 혹시 '주식이나 가상 화폐로 대박 나는 것, 부자들이나 하는 일, 너무 어렵고 위험한 것…' 등등을 떠올리지 않았나요? 그렇다면 이번 장의 이야기에 더욱더 주목해야 합니다! 사실 투자는 생각보다 훨씬 더 여러분의 가까이에 있거든요.

투자란 미래에 더 큰 가치를 얻기 위해 현재의 자원을 포기하는 모든 행동을 의미합니다. 이런 투자의 기초 원리를 경제학자들은 좀 더 학술적으로 설명하는데요, 크게 두 가지 이론으로 설명할 수 있어요.

먼저 '시간 선호도'라는 개념이 있습니다. 사람들은 일반적으로 미래의 만족보다는 현재의 만족을 더 선호하는 심리를 가지고 있어서, 미래를 위해 현재의 것을 포기하려면 그만한 보상, 즉 이익이 있어야 한다는 거죠.

또 다른 개념은 '기대 효용'입니다. 사람들이 확실하지 않은 미래의 결과에 대해 나름대로 기대치를 갖고 행동한다는 이론이에요. 쉽게 말하면 "지금의 작은 만족을 미뤄서 나중의 더 큰 만족을 얻겠다"고 선택하는 심리적 과정이라고 할 수 있어요.

예를 들어 보겠습니다. 친구들과 주말에 영화를 보러 가려고 모은 1만 원이 있습니다. 지금 이 돈으로 영화표를 사고 팝콘을 먹으면 당장은 즐겁겠죠. 하지만 이 1만 원을 적금에 넣어두면 1년 후에는 이자가 붙어서 1만 300원 정도가 됩니다. 작은 차이 같지만, 이것이 바로 투자의 기본 원리입니다. 현재의 소비를 포기하고 미래의 더 큰 가치를 선택하는 것이죠.

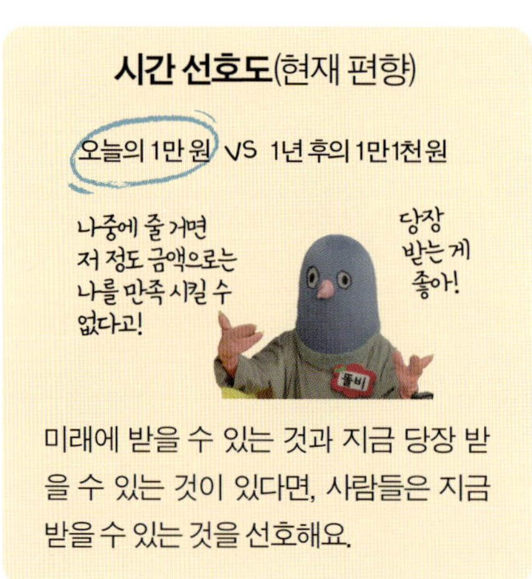

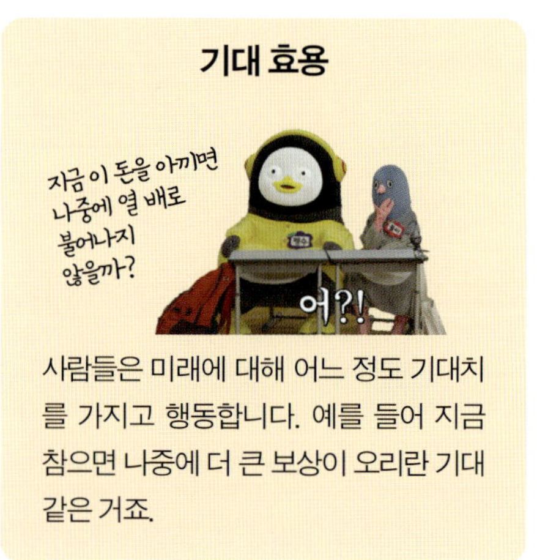

그림 6 시간 선호도와 기대 효용

넓게 보면 여러분이 지금 공부하는 것도 투자입니다. 게임이나 유튜브 시청 같은 즉각적인 재미를 포기하고 영어 단어를 외우거나 수학 문제를 푸는 것은 미래의 더 나은 대학, 더 좋은 직업, 더 풍요로운 삶을 위한 투자 활동이거든요.

운동을 해서 건강을 관리하는 것도 마찬가지입니다. 지금 흘리는 땀과 노력이라는 비용을 지불해서 미래의 건강이라는 수익을 얻는 것이니까요.

투자의 역사 : 메소포타미아에서 실리콘밸리까지

66 투자는 현대에 생겨난 새로운 개념이 아닙니다. 인류가 정착 생활을 시작하면서부터 계속해서 발전해 왔어요.

가장 원시적인 형태의 투자는 농업이었습니다. 1만 년 전 신석기 시대, 인류는 채집과 수렵에서 농업으로 전환했어요. 이는 인류 역사상 가장 중요한 투자 결정 중 하나였습니다. 농부들은 지금 당장 먹을 수 있는 곡식 일부를 포기하고 땅에 심어, 몇 달 후 더 많은 수확을 얻기로 결정했죠. 이는 현재 소비를 미루고 미래 수익을 추구한다는 투자의 본질과 정확히 일치합니다.

기원전 3000년경, 고대 메소포타미아에서는 곡물을 담보로 한 대출과 이자 제도가 존재했습니다. 당시 쓰인 함무라비 법전에 이자율 상한선(더 이상 올라갈 수 없는 한계선)이 명시되어 있을 정도로, 메소포타미아에는 금융 시스템이 발달해 있었어요.

고대 그리스와 로마에서는 해상 무역에 투자하는 상인들이 등장했고, 이들은 큰 위험을 감수하는 대신 높은 수익을 추구했습니다.

중세 이탈리아에서는 현대적 의미의 은행과 주식회사 개념이 탄생했어요. 베니스의 상인들은 향료 무역에 투자하기 위해 자금을 모았고, 이는 오

개념 키움

펀드(fund)

여러 사람이 돈을 모아서 함께 투자하는 방법이다. 혼자서는 비싼 주식이나 부동산에 투자하기 어렵지만, 많은 사람이 돈을 모으면 가능하다. 예를 들어 1,000명이 각각 10만 원씩 내면 1억 원이 된다. 이 돈으로 전문가를 통해 여러 회사의 주식을 사거나 부동산에 투자하는 식이다.

그렇다면 투자로 생긴 이익은 어떻게 될까? 펀드에 참여한 사람들이 각자 낸 돈의 비율에 따라 나누어 받는다. 예를 들어 10만원을 낸 1,000명의 사람은 전체 이익의 0.1%를 받는다. 그리고 손실이 나면 그것도 나누어 부담해야 한다.

펀드의 장점은 전문가가 대신 투자해주고, 적은 돈으로도 다양한 곳에 분산 투자할 수 있다는 것이다. 반면에 단점은 운용 수수료를 내야 하고, 투자 결정을 스스로 할 수 없다는 것이다. ●

늘날 펀드 158페이지 참고 의 원조 격이라 할 수 있습니다.

14세기 이탈리아 피렌체의 메디치 가문은 국제 금융업으로 막대한 부를 축적했는데, 이들의 성공 비결은 바로 위험 분산(위험이나 부담을 여러 곳에 나누어 분담하는 것)과 장기 투자였어요.

이렇게 수천 년에 걸쳐 발전해 온 투자 문화는 17세기 네덜란드에서 인류 역사상 가장 극적인 사건 중 하나로 이어졌습니다. 그 유명한 튤립 파동 아래 내용 참고 입니다.

1637년 네덜란드 도록에 실린 튤립 한 송이. 튤립 뿌리 하나가 3,000~4,200플로린이라고 쓰여 있다. 현재 값어치로 환산하면 약 1억 8천만~2억 5천만 원이다.

투자와 투기의 차이 : 네덜란드 튤립 파동에서 배우는 교훈

투자 역사에서 빼놓을 수 없는 것이 바로 투기와 버블의 교훈이다. 위에서 언급한 튤립 파동 외에도 1929년 대공황, 2000년 닷컴 버블, 2008년 금융위기 등은 모두 과도한 투기가 부른 재앙이었다.

투자와 투기의 차이는 무엇일까? 투자는 해당 자산의 본질적 가치를 분석하고 장기적 관점에서 접근한다. 반면 투기는 다른 사람들이 더 높은 가격에 사줄 것이라는 기대에 의존한다. 17세기, 튤립 구근을 집값과 맞먹는 가격에 산 사람들은 튤립의 실제 가치가 아니라 다른 사람이 더 비싸게 사줄 것이라는 막연한 기대에 의존했던 것이다.

1634년부터 1637년까지 튤립 구근(알뿌리)의 가격이 폭등(단시간에 크게 오르는 것)하여 집 한 채 값에 맞먹을 정도가 되었어요. 하지만 1637년 2월, 가격이 급락(급격하게 하락)하면서 수많은 투자자들이 파산했습니다. 이는 인류 역사상 최초로 기록된 자산 버블 아래 내용 참고 로, 투기와 투자의 차이, 적정 가치 평가의 중요성 등을 보여준 매우 역사적인 사례로 남았어요.

산업혁명과 현대적 투자의 탄생

18~19세기 산업혁명은 투자의 개념을 완전히 바꿔 놓았습니다. 철도, 공장, 기계 등 대규모 자본이 필요한 사업들이 등장하면서 개인이 아닌 다수의 투자자로부터 자금을 조달하는 방식이 필요해졌거든요. 이때부터 현대적 의미의 주식 시장과 채권 시장이 본격적으로 발달했습니다.

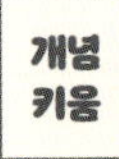

자산 버블

주식, 부동산 등 자산의 가격이 실제 가치보다 과도하게 높이 형성되는 현상이다. 투자자들의 과도한 낙관, 투기적 매수로 인해 가격이 급등하면서 거품처럼 부풀어 오르는 것을 말한다. 하지만 버블은 언젠가 터지기 마련이며, 가격이 급락하면서 투자자들에게 막대한 손실을 안겨 준 사례가 무수히 많다. 대표적인 예로는 2000년 닷컴 버블, 2008년 미국 부동산 버블 등이 있다. 이러한 버블 붕괴는 종종 경제 전반에 큰 충격을 주어 경기 침체로 이어지기도 한다. ●

미국의 철도 건설 붐은 산업 혁명 시대 투자의 모습을 보여주는 대표적인 사례입니다. 19세기 중반, 미국 대륙 횡단 철도 건설에 투자한 사람들은 엄청난 위험을 감수해야 했어요. 기술적 어려움, 자금 부족, 원주민과의 갈등 등 수많은 위험 요소가 있었죠. 당시만 해도 대륙을 가로지르는 철도가 정말 완성될 수 있을지, 완성되더라도 수익을 낼 수 있을지 아무도 확신할 수 없었습니다.

1869년 발행된 이어리 철도 회사(Erie Railroad Company)의 주식 증서. 1869년은 미국 동·서부를 잇는 첫 번째 대륙 횡단 철도가 완성된 해로, 전국적으로 철도 투자 붐이 일었다. 이 주식 증서는 19세기 미국의 자본주의 발전과 철도 투자 열풍을 보여주는 역사적 자료이다.

(출처 : 위키피디아)

하지만 철도가 완성되면서 미국 경제는 급속히 발전하게 됩니다. 서부 개척이 가속화되고, 대량의 농산물과 공산품이 전국으로 유통되면서 미국 전체의 경제 지도가 바뀌었거든요. 초기 철도 투자자들이 막대한 수익을 얻은 것은 물론입니다. 이런 모습을 본 사람들은 '높은 위험을 감수한 투자자가 그에 상응하는 높은 수익을 얻는다.'는 투자의 기본 원리를 실감했죠.

20세기 들어서는 헨리 포드의 자동차 대량 생산, 토머스 에디슨의 전기 사업 등이 새로운 투자 기회를 제공했어요. 특히 1920년대에는 미국에 주식

20세기 초반 세계를 위험에 빠뜨린 최악의 경제 위기 : 1929년 미국 대공황

1929년 10월 24일, 미국 뉴욕의 주식 시장에서 갑자기 주식 가격이 크게 떨어졌다. '검은 목요일'이라고 부르는 이날, 사람들은 앞다투어 주식을 팔려고 했지만 사려는 사람은 없었다. 주식 가격은 폭락했고, 하루 만에 엄청난 돈이 사라졌다.

1920년대에 미국은 경제가 매우 좋았다. 공장에서는 끊임없이 물건을 만들어냈고, "주식에 투자하면 돈을 쉽게 벌 수 있다."고 생각한 많은 사람들이 돈을 빌려서까지 주식을 샀다. 하지만 지나치게 많이 만든 물건들은 판매되지 않아 남아돌기 시작했고, 그 결과 회사들이 어려워지면서 주식 가격이 내려가게 됐다.

주식 폭락 후, 많은 회사들이 문을 닫았다. 은행들도 망했다. 일자리를 잃은 사람들 또한 부지기수였다. 미국인 4명 중 1명이 실업자가 되었다. 농부들도 농작물을 팔 수 없어서 굶주리긴 마찬가지였다. 나아가, 미국이 다른 나라와 거래를 줄이면서 전 세계가 경제 불황에 빠지고 말았다.

이를 해결한 것은 1933년 발표한 루스벨트 대통령의 '뉴딜 정책'이었다. 정부가 대규모 공공 사업을 통해 일자리를 창출하고, 금융 시스템을 개혁하며, 노동자의 권익을 보장하는 이 정책을 통해 미국 경제는 서서히 회복되었다.

붐이 불면서 일반 대중까지 주식 투자에 참여하게 되었습니다. 하지만 1929년 대공황 위의 내용 참고 으로 많은 투자자들이 큰 손실을 입으며, 투자에는 반드시 위험이 따른다는 교훈을 얻게 되었죠.

빅테크 기술주들의 신화와 교훈

21세기 들어 가장 주목받는 투자 사례는 역시 기술 기업들입니다. 애플, 구글, 아마존, 테슬라 같은 회사들의 성장은 투자의 힘을 보여주는 대표적인 사례들이죠.

아이폰과 아이패드를 만드는 회사, 애플의 이야기부터 볼까요.

1997년 애플은 거의 파산 직전이었습니다. 당시 애플의 평균 주가는 약 0.64달러였어요. 만약 그때 100달러어치 애플 주식을 샀다면, 2024년 현재 그 가치는 약 7만 달러가 넘습니다. 무려 700배 이상의 수익률입니다!

하지만 당시 상황을 생각해 보면, 애플에 투자하는 건 굉장한 용기가 필요한 일이었습니다. 1997년에 애플은 정말로 위기에 처해 있었거든요. 회사의 현금은 거의 바닥이 났고, 시장 점유율은 계속 떨어지고 있었죠. 마이크로소프트의 윈도우에 밀려 애플의 매킨토시 컴퓨터는 틈새 시장의 상품으로 전락해 있었어요.

그 유명한 스티브 잡스가 12년 만에 애플로 복귀했지만, 그조차도 확실한 해답은 아니었습니다. 잡스는 이전에 애플에서 쫓겨났던 경험이 있었고, 그때 그가 설립한 또 다른 컴퓨터 회사도 큰 성공을 거두지 못했거든요.

하지만 일부 투자자들은 애플의 숨겨진 잠재력을 봤습니다. 그들은 디자인과 사용자 경험을 통해 기술을 혁신할 수 있으리라 생각했어요. 실제로 애플은 1998년 아이맥의 성공을 시작으로, 2001년 아이팟, 2007년 아이폰, 2010년 아이패드로 이어지는 혁신을 이뤄냈습니다. 당시 투자자들의 통찰력이 정말 대단했던 것이죠! 자세한 이야기는 도서 《10대를 위한 글로벌 빅테크 수업》 참고

아마존과 구글의 경우도 마찬가지예요. 1994년 어느 날 회사를 그만둔 서른 살 청년이 자기 집 차고에서 인터넷 서점 사이트를 개설했을 때, 1998년 대학생 두 명이 오로지 자료 검색만을 위한 서비스를 만들었을 때, 이들의 회사가 훗날 세계 최대의 기술 회사가 되리라 예상한 사람이 과연 있었을까요?

테슬라의 사례는 더욱 극적입니다. 2010년 상장 당시 테슬라 주가는 17달러였는데, 2021년 최고점에서는 400달러를 넘어섰어요. 하지만 그 과정에서 테슬라는 여러 차례 파산 위기를 맞았고, 당시부터 지금까지 CEO인 일론 머스크도 '지옥 같은 과정'이라고 표현할 정도로 어려움을 겪었습니다.

미래 가치를 일찍이 알아보는 통찰력이 얼마나 중요한지 아시겠죠? 그러한 통찰력을 얻으려면 많은 공부가 필요합니다. 동시에, 높은 수익에는 높은 위험이 따른다는 사실도 기억해야 합니다. 애플, 구글, 아마존, 테슬라의 성공 뒤에는 수많은 기술 기업들의 실패가 있었다는 걸 절대 잊지 마세요.

투자하지 않아서 발생하는 위험이 있다?!

❝❝ 많은 사람들이 '투자는 위험하다.'고 생각합니다. 실제로 투자에는 분명한 위험이 있고, 언론에서는 투자 실패 사례들을 많이 다루죠.

하지만 여기서 중요한 질문을 던져봐야 합니다. 투자하지 않는 것이 정말 안전할까요?

사실 투자하지 않는 것도 하나의 위험입니다. 돈을 그냥 내버려두면 물가 상승으로 인해 실질적인 구매력이 줄어들기 때문입니다.

구체적인 예를 들어 보겠습니다. 1990년과 2025년의 물가를 비교해 볼까요? 1990년에 짜장면 한 그릇의 값은 1,200원이었어요. 지금은 7,000원이죠. 35년 동안 약 6배 가까이 올랐습니다.

짬뽕은 어떨까요? 1990년에 1,528원이었던 짬뽕이 지금은 8,000원이에요. 이것도 약 5배 이상 올랐네요.

더 놀라운 건 교통비예요. 1990년 서울 시내버스 요금은 171원이었답니다. 지금은 1,500원이니 무려 9배 가까이 올랐어요!

이런 숫자들을 보니 실감이 나죠? 1990년에 1만 원을 가지고 있었다면 짜장면 8그릇을 먹을 수 있었어요. 하지만 그 1만 원을 35년 동안 방치해 뒀다면, 지금은 짜장면 한 그릇 겨우 사 먹을 수 있는 정도입니다.

반대로 5,000원을 가지고 1990년으로 돌아간다면, 한 가족이 짜장면을 배불리 먹을 수 있을 겁니다. 지금은 한 그릇조차 사 먹기 어렵지만요.

이게 바로 물가 상승의 무서운 점입니다. 돈의 숫자는 그대로인데 살 수 있는 것은 점점 줄어드는 것이죠.

이런 물가 상승 현상을 '인플레이션'이라고 불러요. 조금 전까지 우리가 살펴본 35년간의 가격 변화는 인플레이션이 장기간 누적된 결과입니다. 그럼 다음 장에서는 인플레이션이 정확히 무엇인지, 왜 발생하는지에 대해 자세히 알아보겠습니다.

시간여행 투자 미션 : 세 명의 나에게 돈을 나눠준다?

마법의 시간여행 기계를 발견했어요! 이 기계를 통해 미래의 나에게 투자금을 보낼 수 있다네요. 각 시점별 나의 상황을 상상해 보고, 300만 원을 어떤 비율로 나눠줄지 정해 보세요!

총 자금 300만 원　　　　**투자 대상** ① 10년 후의 나　② 20년 후의 나　③ 30년 후의 나

투자 방법 각각 다른 금융 상품 선택 가능(적금, 주식, 부동산 등)

힌트! 30년 후에 더 많이 분배하면 숫자상으로는 가장 많이 불어나지만, 실질 구매력은 인플레이션으로 인해 줄어들 수 있어요. 그렇다면 인플레이션보다 높은 수익률이 필요하겠죠? 하지만 10년 후 급하게 돈이 필요할 수도 있으니까, 우리는 위험과 수익 사이의 균형을 찾아야 해요.

 ## 더 알아볼 것 & 생각해 볼 점

- 10년 후의 나에게 100만 원을 준다면, 그때 100만 원으로 지금과 같은 것을 살 수 있을까?
- 만약 20년 후에 갑자기 큰돈이 필요한 상황이 생긴다면, 내 계획을 어떻게 바꿔야 할까?
- 현실에서 지금 당장 '미래의 나'를 위해 할 수 있는 가장 작은 투자는 무엇일까?

활동지 작성 TIP　각 시점별 배분 비율을 정한 후, 왜 그렇게 생각했는지 이유를 작성해 보세요. 정답보다는 경제 원리를 연결하는 사고 과정이 중요합니다. 시간과 복리, 인플레이션의 관계를 체감할 수 있어야 해요.

나의 첫 투자 계획서

"선배님, 10년 뒤 저는 어떤 모습일까요? 이렇게 모아서 나중에 어떻게 살지 걱정돼요."

"오, 방금 좋은 아이디어가 떠올랐어. 10년 뒤 나를 위한 투자 목표를 세워보는 거야.

필요한 금액과 목표 수익률을 정하고, 매달 어떻게 모을지 함께 계획해 보자!"

1단계. (　　)년 후, 나에게 얼마가 필요할까? (목표 설정)

● 원하는 목표를 하나 정해, (　　)년 후에 얼마만큼의 돈이 필요할지 예상해 보기

(　　)년 후 예상 필요 금액은 예상 물가 상승률을 반영하여 계산해 보세요, 인공지능의 도움을 받아도 좋아요!

목표 :＿＿＿＿＿＿＿＿＿＿＿＿＿＿＿＿　　예시 : 나만의 작업실 만들기

항목	현재 가격	(　　)년 후 예상 금액

2단계 : 투자 금액과 기간 정하기

● 매월 투자 금액　＿＿＿＿＿＿＿＿＿＿ 원　예시 : 매월 5만 원씩 자동 이체

● 투자 기간　　20__년 ___월 ___일~ 20__년 ___월 ___일 (총 _____개월)

● 총 투자 금액　＿＿＿＿＿＿＿＿＿＿ 원　(매월 투자 금액 × 총 개월 수)

투자상품	특징	나의 투자 비중(%)
은행 적금	안전하지만 수익은 낮은 편	
국내 주식 (직접 투자)	국내 기업에 직접 투자, 위험·수익 높음	
국내 펀드 (간접 투자)	여러 기업에 전문가가 대신 투자, 위험·수익 중간 수준	
미국 주식 (직접 투자)	애플·구글 등 해외 유명 기업 투자 가능, 위험·수익 높음	
미국 펀드 (간접 투자)	해외 기업에 전문가가 대신 투자, 위험·수익 중간 수준	
채권형 펀드	주식보다는 안전하고 적금보다는 높은 수익	

다양한 상품을 골고루 섞어 투자하면 위험도 줄이고 더 안정적으로 투자할 수 있어요!

4단계 : 나의 첫 투자 계획 선언문 쓰기

"20___년 ___월 ___일부터 20___년 ___월 ___일까지

____을 목표로,

매월 _________원을 ___________, ___________, _______에 투자하겠습니다.

그리고 연 2회 이상 투자 성과를 점검하겠습니다."

CHECK POINT! 매월 날짜를 정해서 점검할 사항들

투자 목적과 기간을 명확하게 정했는가?　　　　　　　　예 □　　아니오 □

물가 상승률을 고려해 목표 수익률을 설정했는가?　　　예 □　　아니오 □

투자 상품을 여러 가지로 나누어 위험을 분산했는가?　예 □　　아니오 □

매월 꾸준히 실천 가능한 수준으로 정했는가?　　　　　예 □　　아니오 □

계란값이 1천 억, 이게 무슨 일이에요?

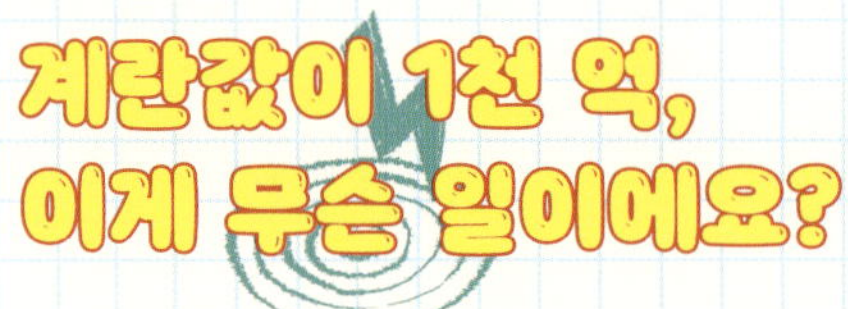

▷ 이번 시간
유튜브 영상 보기

개념 키움

물가와 인플레이션

물가란, 우리가 사는 물건들의 가격 수준이다. 이러한 물가가 계속 올라가는 현상을 인플레이션이라고 한다. 적당한 인플레이션은 경제가 건강하다는 신호이나, 인플레이션이 너무 높으면 생활비 ⋯

"자, 애들아. 이번 시간엔 또 하나 중요한 개념을 배워볼 거야. 혹시 '인플레이션' 들어본 적 있어?"

펭수가 번쩍 손을 들었다.

"저요! 인플루언서!"

지현 쌤이 피식 웃으며 고개를 가로저었다.

"펭수는 인플루언서가 맞지만, 그거랑 다른 거예요."

이번엔 똘비가 진지하게 말했다.

"인플루엔자요? 감기 같은 거?"

쌤은 두 손을 내저으며 웃었다.

"음, 인플루엔자는 아픈 거지~" 피곤이 쌓인 기색이 역력한 지현 쌤. 다시 목소리를 가다듬고 말을 이었다. "인플레이션이란, 물가가 지속적으로 오르는 현상을 말해. 쉽게 말해, 같은 물건을 사려면 시간이 지날수록 더 많은 돈이 필요해진다는 거야."

펭수가 단번에 요약했다.

"아, 돈을 그냥 가만히 묵혀 두면 가치가 떨어진다, 이 말이군요! 그러니까 돈을 모으기만 하지 말고, 굴려야 한다! 뭐로? 투자로!"

부담이 커지고, 너무 낮으면 경제가 침체될 수 있다. 이 때문에 정부와 중앙은행은 금리 정책이나 통화 정책 등을 통해 인플레이션을 적절한 수준으로 관리하려고 노력한다. ●

쌤이 감탄하며 말했다.

"맞아! 그래서 우리가 투자라는 걸 배우는 거야!"

그러자 똘비가 힘 빠진 목소리로 중얼거렸다.

"근로 소득만으론 살 수가 없어…."

갑자기 축 처진 똘비의 모습을 본 지현 쌤이 손뼉을 치며 외쳤다.

"좋아요. 그럼, 여기서 퀴즈 하나 나갑니다! 문제! 아프리카 남쪽에 위치한 나라 중 인플레이션을 엄청나게 겪었던 곳이 있어요. 어디일까요?

힌트는 초성 'ㅈㅂㅂㅇ'!"

똘비가 자신 있게 말했다.

"정답! 저!! 족발 봐요!"

"아하하, 그건 좀 다르지만, 센스는 만점이에요!"

펭수는 생각이 날 듯 말 듯한 모양이다. "조…, 아아…, 머리야…" 펭수가 머리를 감싸며 고민하는 찰나에 똘비가 불현듯 외쳤다.

"짐바브웨!"

"정답입니다!" 지현 쌤이 신난 목소리로 다음 퀴즈를 냈다. "그럼, 퀴즈 하나 더! 짐바브웨에서 계란 세 개를 사려면 얼마가 필요했을까요?"

펭수가 고개를 갸우뚱하며 물었다.

“근데…, 왜 계란이에요?”

“맛있으니까요.”

“뭐라고요?” 똘비가 깜짝 놀라서 되물었다. “쌤! 저희…, 조류예요.”

지현 쌤은 순간 멈칫하더니 민망한 웃음으로 답했다.

“앗, 이건 선생님이 실수했어요. 미안해요.”

둘은 충격을 감추지 못한 표정이었다. 쌤은 그 표정을 못 본 척, 퀴즈 진행을 이어 나갔다.

“정답은 무려 1천억 짐바브웨 달러! 사람들이 돈을 수레에 실어서 장을 보러 다녔다고 해요.”

“진짜요? 그 지폐를 다 싣고 다녔다고요?”

“응, 나라에서 돈을 마구 찍어내니까 사람들이 물건을 살 땐 점점 더 많은 돈이 필요해졌던 거지. 그게 바로 극단적인 인플레이션의 모습이야.”

내 용돈이 작아진다고?: 물가와 인플레이션의 경제학

❝ 어릴 때 자주 먹던 과자나 아이스크림을 오랜만에 사러 갔더니 가격이 너무 올라 당황한 적이 있나요? 이런 현상이 '물가 상승'이고, 경제학에서는 이것을 '인플레이션'이라고 부릅니다.

단순하게 가격만 오른 것이 아닙니다. 사실은 우리가 가진 돈의 힘이 약해진 것이죠. 이를 두고 "실질 구매력이 하락했다."라고 표현하는데요, 같은 5천 원이라도 예전의 5천 원과 지금의 5천 원으로 살 수 있는 것의 양이 다르다는 뜻입니다.

물가 지수로 보는 우리의 경제 생활

물가란 우리가 일상적으로 구매하는 여러 상품과 서비스의 전반적인 가격 수준을 의미해요. 경제학에서는 이를 '소비자 물가 지수'라는 도구를 이용해 과학적으로 측정합니다.

소비자 물가 지수는 일반 가정에서 자주 구입하는 상품과 서비스 약 400여 개의 가격 변동을 조사해서 만든 지수입니다. 여기에는 여러분이 자주 사 먹는 라면, 과자, 음료수부터 부모님이 지불하시는 자동차 기름값, 수도와 전기요금, 의료비까지 모두 포함돼요. 정부는 소비자 물가 지수를 이용해서 물가가 얼마나 올랐는지 정확히 측정하고, 이를 매월 발표합니다.

예를 들어 2015년을 기준(100)으로 했을 때 2024년의 소비자 물가 지수가 139.7이라면, 이는 전반적인 물가가 39.7% 올랐다는 의미예요. 즉, 2015년에 1만 원으로 살 수 있던 물건들을 2024년에는 1만 3,970원을 내야 살 수 있다는 뜻이죠.

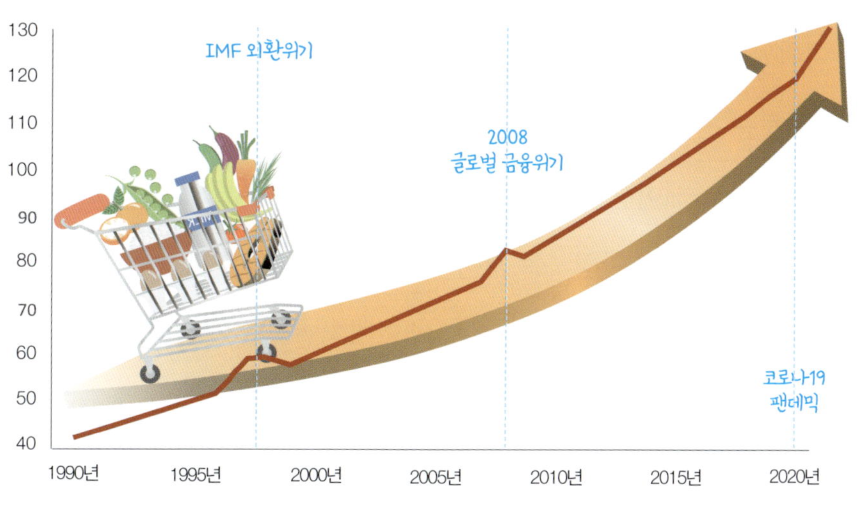

그림 7 한국 소비자 물가 지수 변화 추이(1990~2024년)

인플레이션의 양면성

인플레이션은 우리가 가진 돈의 가치를 떨어뜨립니다. 그런데 왜 정부는 인플레이션을 완전히 없애려 하지 않는 걸까요?

인플레이션이 나쁜 것만은 아니기 때문입니다.

적당한 인플레이션은 경제가 성장하고 있다는 신호입니다. 사람들이 물건을 많이 사고, 기업들이 투자를 늘리고, 일자리가 증가할 때 나타나는 자연스러운 현상이죠. 또한 빚을 진 사람들에게는 인플레이션이 오히려 유리해요. 빚을 진 금액(명목상의 빚)은 그대로인데 화폐 가치가 떨어지면 실질적인 부채 부담이 줄어들기 때문입니다.

한편, 월급이 물가 상승률만큼 오르지 않으면 어떻게 될까요? 살림살이가 어려워지겠죠. 또한 은행 금리가 물가 상승률보다 낮으면 예금을 해도 실질적으로는 손해를 보게 되고요.

이처럼 인플레이션은 사회 구성원들에게 서로 다른 영향을 미치기 때문에 적절한 수준에서 관리하는 것이 중요합니다.

대부분의 국가에서는 연 2% 내외의 안정적인 인플레이션을 목표로 합니다. 한국은행도 소비자 물가 상승률을 연 2%로 관리하고 있어요. 이 정도의 인플레이션은 경제 성장을 뒷받침하면서도 생활에 큰 부담을 주지 않는 적정 수준으로 여겨진답니다.

글로벌 인플레이션과 우리의 일상

최근 몇 년간 전 세계적으로 인플레이션이 크게 주목받고 있습니다. 2020년 코로나19 팬데믹, 2022년 러시아-우크라이나 전쟁 등이 글로벌 공급망을 어지럽히면서 물가가 급등했기 때문이에요. 178페이지 참고

특히 에너지와 식료품 가격 상승이 두드러졌어요. 국제 원유 가격이 오르면서 휘발유와 경유 가격이 올랐고, 이는 운송비 상승으로 이어져 모든 상품의 가격에 영향을 미쳤죠. 또한 밀, 옥수수 등 주요 곡물의 공급 차질로 라면,

"물가가 지속적으로 하락하는 현상을 '디플레이션'이라고 해. 인플레이션의 반대말이지. 그런데 경제학에서는 디플레이션을 인플레이션보다 더 위험한 현상으로 봐.

디플레이션이 발생하면 사람들이 '어차피 나중에 더 싸질 텐데 굳이 지금 살 필요가 있을까'라고 생각해서 소비를 미루거든. 그러면 기업들의 매출이 줄고, 투자와 고용이 감소해서 경제 전체가 침체에 빠지게 돼. 대표적인 예가 1990년대부터 일본이 경험한 '잃어버린 20년'이야."

빵, 과자 등의 가격도 크게 올랐습니다.

이런 경험을 통해 인플레이션이 국내 요인뿐만 아니라 국제적 요인에도 크게 영향을 받는다는 것을 알 수 있어요. 특히 우리나라는 무역 의존도가 매우 높은 나라예요. 당연히 해외 물가 변동에 직접적인 영향을 받게 되므로, 평소 국제 경제 뉴스에 관심을 갖고 지켜보는 것이 중요합니다.

물가가 계속 오르는 이유 : 인플레이션의 원인

인플레이션이 발생하는 원인은 크게 두 가지로 나눌 수 있다.

첫째는 **수요 견인 인플레이션**, 즉 사람들이 어떤 상품이나 서비스를 너무 많이 원할 때 발생하는 물가 상승이다. 사람들이 원하는 양이 시장에서 공급할 수 있는 양보다 많아지면 자연히 가격이 올라가게 된다. 인기 연예인이 새로 광고하는 한정판 운동화가 있다고 해 보자. 많은 이들이 사고 싶어 하지만, 살 수 있는 수량은 적다. 결국 자연스럽게 가격이 오르게 된다. 이것이 바로 수요 견인 인플레이션의 원리다.

둘째는 **비용 인상 인플레이션**이다. 상품이나 서비스를 만드는 데 들어가는 비용 자체가 올라가서 물가 상승이 발생하는 것이다. 닭을 키우는 사룟값이나 인건비, 가게 임대료가 올라가면 당연히 치킨집에서 판매하는 치킨 가격도 오르는 원리와 같다.

여기서 한 가지 더 알아야 할 중요한 개념이 있으니, 바로 **통화량**이다. 경제 뉴스에서 '돈을 너무 많이 풀면 물가가 오른다'라는 말을 들어본 적 있을 것이다. 통화량이란 시중에 돌아다니는 돈의 양을 의미하는데, 짐바브웨의 사례처럼 돈이 너무 많아지면 물가 상승 압력이 강해지게 된다. 예를 들어 최근 몇 년간 팬데믹을 극복하기 위해 전 세계 각국이 많은 돈을 풀었고, 그 결과 많은 나라에서 물가가 크게 오르는 데 영향을 미쳤다.

가난한 억만장자들의 나라

❝ 어느 날 아침에 일어나서 편의점에 갔더니 어제 1천 원이던 삼각김밥이 갑자기 100만 원이 되어 있다면 어떨까요? 농담처럼 들리지만 실제로 이런 일이 벌어졌던 나라가 있습니다. 바로 아프리카 남부에 위치한 짐바브웨입니다.

짐바브웨는 한때 '아프리카의 빵 바구니'라고 불렸어요. 1980년 영국으로부터 독립할 당시 이 나라는 광물 자원이 풍부하고 농업이 발달해 있었어요. 아프리카에서 가장 부유한 국가 중 하나였죠. 담배, 옥수수, 면화 등의 농산물을 수출해서 안정적으로 외화를 벌어들였고, 금과 다이아몬드 같은 광물 자원도 풍부하여 경제 발전에 큰 도움이 되었습니다.

그런데 2000년대 초반부터 상황이 완전히 바뀌었어요. 로버트 무가베 대통령의 급진적인 토지 개혁이 모든 문제의 시작이었습니다. 그의 토지 개혁은 백인 농장주들이 가지고 있던 땅을 강제로 빼앗아서 흑인들에게 나누어준다는 계획이었어요. 겉으로는 좋은 취지처럼 보였지만 이 과정에서 큰 문제가 생겼습니다. 오랫동안 농사를 지어온 백인 농장주들이 떠나면서 농업 기술과 경영 방법도 함께 사라져 버린 거예요.

결국 농업 생산량이 급격히 떨어졌습니다. 나라 전체의 생산 능력이 갑자기 줄어들면서 물건이 부족해지고 가격이 오르기 시작했어요.

경제가 어려워지는 와중에, 짐바브웨 정부는 또 한 번의 큰 실수를 했습니다. 돈이 부족해지자 그냥 돈을 더 많이 찍어내면 된다고 생각한 거예요. 정부 지출은 늘어나는데 세금으로 들어오는 돈은 부족하니까, 중앙은행에 명령해서 화폐를 마구 발행하기 시작했어요.

이는 경제학의 기본 원리를 완전히 무시한 정책이었습니다. 경제학의 화

개념 키움	

화폐 수량설

돌아다니는 돈의 양과 물가 사이의 관계를 설명하는 것으로, 돈의 양이 늘어나면 물가가 오른다는 경제 이론이다. 작은 섬나라가 있다고 치자. 이 나라에는 사과 100개와 돈 100원이 있으며, 사과는 1개당 1원이었다. 그런데 정부가 갑자기 돈을 200원으로 늘리자, 사과는 여전히 100개인데 돈이 2배가 되어 사과 1개당 2원으로 올랐다. 이를 공식으로 표현하면, MV=PY라고 한다. M은 돈의 양, V는 돈이 거래되는 속도, P는 물가, Y는 생산되는 물건의 양이다. 즉, 돈이 거래되는 속도와 물건의 양이 변하지 않는다면, 돈의 양이 2배가 되면 물가도 2배가 된다는 것이다.
따라서 중앙은행들은 금리를 조절하거나 돈의 양을 결정할 때, 경제가 어려우면 돈을 늘려 경기를 살리고, 물가가 너무 오르면 돈의 양을 줄여 안정시키려 한다. ●

폐 수량설 180페이지 참고 에 따르면, 실제로 생산되는 물건의 양은 줄어드는데 시중에 돌아다니는 돈의 양만 늘리면 물가가 급등할 수밖에 없습니다.

처음에는 한 달에 물가가 10~20% 정도 오르는 수준이었어요. 하지만 시간이 지날수록 상황은 걷잡을 수 없게 되었습니다.

2007년부터 본격적인 초인플레이션(Hyperinflation)이 시작되었는데요. 초인플레이션이란 물가가 한 달에 50% 이상 오르는 극단적인 상황을 말해요. 그런데 짐바브웨는 이 기준을 훨씬 넘어섰어요.

2008년 7월, 짐바브웨의 1년간 물가 상승률은 231,000,000%에 달했습니다. 쉽게 말해 1년 전 1달러였던 물건이 231만 달러가 된 거예요!

물가가 하루에 2배씩 오르면서, 1달러였던 빵이 며칠 사이에 10달러, 100달러가 되는 일이 실제로 벌어졌습니다. 사람들은 월급을 받는 즉시 상점으로 뛰어가서 필요한 물건을 사야 했어요. 몇 시간만 기다려도 같은 돈으로는 아무것도 살 수 없게 되었거든요.

돈이 휴지보다 못한 상황

초인플레이션이 최고조에 달하면서 돈이 원래 가져야 할 기능을 완전히 잃어버렸습니다.

가게 사장들은 더 이상 짐바브웨 돈(짐바브웨 달러)을 받으려 하지 않았어요. 받는 순간부터 그 돈의 가치가 계속 떨어지니까요.

그래서 사람들은 옛날 방식으로 돌아가서 물물 교환을 시작했습니다. 월급 대신 설탕이나 비누를 받고, 버스 요금을 달걀이나 채소로 내는 일이 일상이 되었죠.

돈을 모아두는 것도 의미가 없어졌어요. 오늘 1만 원을 저축해도 내일이면 그 돈으로 살 수 있는 것이 절반으로 줄어드니, 누가 돈을 모으고 싶겠어요. 모두들 돈을 받자마자 즉시 실제 물건으로 바꾸거나 다른 나라 돈으로 바꾸려고 했죠.

2009년, 짐바브웨 중앙은행은 세계 역사상 가장 큰 액면가의 지폐를 만들었습니다. 바로 100조 짐바브웨 달러 지폐였습니다.

숫자로 쓰면 1 뒤에 0이 14개나 붙는 100,000,000,000,000달러!

실제했던 100조 짐바브웨 달러(출처 : 셔터스톡)

하지만 이 어마어마한 숫자가 적힌 지폐로 실제로 살 수 있는 것은 거의 없었어요. 미국 돈으로 치면 고작 몇 센트 정도의 가치밖에 없었거든요. 빵 한 덩어리를 사려면 이런 지폐가 여러 장 필요했을 정도였죠. (재미있는 사실은 오늘날 이 지폐가 전 세계인들의 기념품이 되었다는 거예요. 실제 짐바브웨에서 사용됐을 때보다 오히려 더 비싸게 팔리고 있답니다.)

사회 전체가 무너지다

초인플레이션은 물가를 올리는 데 그치지 않고, 사회 전체를 무너뜨리기 시작했습니다. 선생님들의 실제 임금이 급격히 줄어들면서 많은 선생님들이 다른 나라로 떠났어요. 남은 선생님들도 생계를 위해 다른 일을 해야 했고, 결국 교육 시스템이 무너지고 말았습니다.

병원도 마찬가지였어요. 의사들과 간호사들이 해외로 이주하고, 의료 장비와 약품을 수입하기도 어려워져서 기본적인 치료조차 받기 힘들어졌어요. 그 결과 평균 수명이 60세에서 40세 이하로 급격히 떨어졌습니다.

마침내 전체 인구의 4분의 1에 해당하는 300만 명 이상이 이웃 나라인 남아프리카공화국 등으로 이주하기에 이르렀고요.

상황이 더 이상 견딜 수 없게 되자, 짐바브웨 정부는 2009년 놀라운 결정을 내렸습니다. 자국의 돈을 사실상 포기하고 다른 나라 돈을 쓰기로 한 거예요. 미국 달러, 남아프리카 랜드, 영국 파운드 등을 법적으로 인정해서 자유롭게 쓸 수 있게 했습니다.

이 정책으로 물가는 급격히 안정되고, 물물 교환에서 벗어나 정상적인 돈 거래가 가능해졌어요. 하지만 이는 큰 대가를 치른 해결책이었죠. 짐바브웨는 더 이상 자신만의 화폐 정책을 만들 수 없게 되었고, 미국의 화폐 정책에 따라 움직여야 하는 처지가 되었습니다.

이처럼 짐바브웨의 사례는 건전한 경제 정책이 얼마나 중요한지, 그리고 이것들이 무너졌을 때 어떤 참담한 결과가 기다리고 있는지를 생생하게 보여주는 경제사의 중요한 사례입니다.

만약 물가가 계속 오르지 않는다면?

어느 날 아침, 잠에서 깨어나 보니 이상한 세상에 도착했습니다. 이곳은 10년이 지나도 모든 물건의 가격이 그대로입니다. 심지어 시간이 갈수록 물건값이 점점 내려가기까지 합니다!

빵 한 개가 10년 전과 똑같이 2,000원!

스마트폰 가격도 10년째 그대로!

영화 티켓은 오히려 500원씩 내려가기까지!

이렇게 물가가 계속해서 오르지 않거나 오히려 떨어지는 세상은 과연 어떤 모습일까요?

 더 알아볼 것 & 생각해 볼 점

- 만약 물건 가격이 오르지 않는다면, 지금 돈을 쓸까요, 아니면 나중에 쓸까?
- 돈을 은행에 저축하거나 투자하려고 할까? 아니면 그냥 현금을 갖고 있으려고 할까?
- 기업은 새 제품을 만들고, 더 좋은 제품을 만들기 위해 노력할까?

활동지 작성 TIP 물가가 올라가는 현상(인플레이션)과 내려가는 현상(디플레이션)의 차이를 이해하는 활동입니다. 극단적인 상황을 상상해 봄으로써 물가 변화가 사람들의 소비와 저축, 그리고 기업의 투자에 어떤 영향을 주는지 상상해 보고, 현실 경제와 비교해 장단점을 적어 보세요!

일상 속 물가 변화 탐구 보고서

"쌤, 저는 부자가 되고 싶은데, 왜 자꾸 물가 이야기를 하는 거예요?"

"물가를 모르면, 돈의 진짜 가치를 알 수 없거든.
물가가 오르거나 내릴 때 돈을 어떻게 써야 하는지
제대로 알고 있어야 진짜 부자가 될 수 있어!"

1단계 : 개념 확인하기

● 인플레이션 : 물가가 계속 오르는 현상

  나만의 쉬운 설명　　: ____

● 디플레이션 : 물가가 계속 내려가는 현상

  나만의 쉬운 설명　　: ____

2단계 : 일상 속 물가 변화 & 내게 준 영향

내 주변에서 물가가 크게 오른 것과 내린 것 각각 한 가지씩 적어 보세요.

● 최근 크게 오른 것 : ____________________ (　　　　원　→　　　　원)

  내게 미친 영향　　: ____

● 최근 크게 내린 것 : ____________________ (　　　　원　→　　　　원)

  내게 미친 영향　　: ____

3단계 : 경제 주체별 영향 생각하기

경제 주체별로 어떤 영향을 받을지 자신의 생각을 적어 보세요!

경제주체	인플레이션의 영향	디플레이션의 영향
나 (소비자)	예시 : 소비가 부담스러워짐	예시 : 소비를 미루며 가격 하락을 기다림
기업 (생산자)		
은행 / 정부		

4단계 : 대응지침 세우기

물가가 계속 오르는 상황(인플레이션)

☐ 저축만 하지 않고, 투자로 돈의 가치를 유지하기

☐ 물가 상승을 고려하여 목표 수익률 높이기

☐ 생활비 등 지출 우선 순위 재점검하기

☐ 물건 구매 전 가격 인상률을 비교하기

☐ 장기 계획을 세우고 실물 자산(부동산, 주식 등)에
　 관심 가지기

물가가 계속 내리는 상황(디플레이션)

☐ 현금 보유를 늘려 구매력 유지하기

☐ 불필요한 소비 줄이고 신중하게 지출하기

☐ 대출이나 빚은 가능한 빨리 줄이기

☐ 가격 하락 속도를 살펴 계획 소비하기

☐ 가격이 안정되거나 반등할 때까지 신중
　 하게 기다리기

✔ CHECK POINT!

물가 변동이 소비자와 기업에 어떤 영향을 미치는지 설명할 수 있는가?

예 ☐　　　아니오 ☐

인플레이션과 디플레이션을 설명하고, 각 상황에서 현명한 행동이 무엇인지
설명할 수 있는가?

예 ☐　　　아니오 ☐

'나도 모르게' 쓰고 있는 소비의 함정

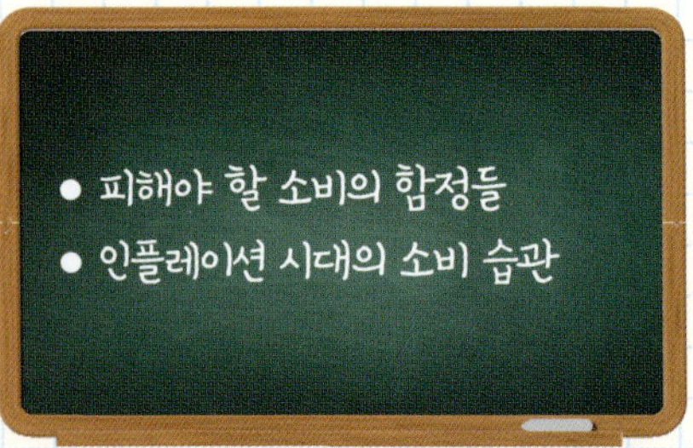

▷ 이번 시간 유튜브 영상 보기

개념 키움

소비

소비는 우리가 필요한 물건이나 서비스를 사서 쓰는 경제 활동으로, 경제를 돌아가게 하는 엔진 역할을 한다. 모든 사람이 소비를 줄이면 가게 매출이 떨어지고 경기가 어려워진다. 반대로 소비가

펭수야~ 학교 가자! 1

지현 쌤은 칠판을 톡톡 두드리며 말했다.

"자! 앞에서 인플레이션 이야기를 하면서, 물가가 오르면 똑같은 돈으로 살 수 있는 게 점점 줄어든다는 걸 배웠어. 예전엔 1만 원으로 떡볶이도 먹고 음료도 샀는데, 지금은 그 돈으로 같은 걸 사기 어려워졌지?"

펭수가 분통을 터뜨리며 말했다.

"열심히 모았는데 돈의 가치가 떨어진다니! 억울해요!"

씩씩거리는 펭수를 달래며 쌤이 말했다.

"그래서 투자도 중요하지만, 그보다 먼저 돈을 잘 쓰는 법을 아는 게 정말 중요해. 아무 데나 쓰면 돈이 줄어드는 속도가 더 빨라지거든! 특히 물가 상승률이 높은 시대에는 계획 없이 쓰면 생활비 부담이 커지고, 저축이나 투자할 여유마저 잃어버릴 수 있어."

똘비가 의심스러운 표정으로 물었다.

"그냥 놔두면 가치가 떨어지는데, 아끼면 안 되는 거 아니에요?"

"예리한데?! 그냥 아끼자는 말이 아니라, 같은 돈으로 더 현명하게 써야 한다는 거야. 그럼, 어떻게 하면 현명하게 소비할 수 있을지, 밸런스 게임을 통해 재미있게 알아볼까? 금방 해져도 저렴한 옷, 조금 가격이 나가

늘어나면 경제가 활발해지고 일자리도 늘어난다. 그래서 정부는 경제가 어려울 때 소비 쿠폰 같은 소비 촉진 정책을 쓰기도 한다. ●

도 오래 입을 수 있는 옷. 어떤 걸 사겠어?"

펭수는 1초도 고민하지 않고 외쳤다.

"저는 싼 걸 많이 입겠습니다! 금방 질리거든요."

똘비도 손을 들었다.

"저는요, 보시다시피 옷이 없습니다. 사야 한다면 저도 선배님처럼 많이 사겠습니다!"

쌤이 진지한 말투로 물었다.

"싼 옷을 많이 사는 소비는 자주 일어나는데, 이게 환경과 연결된 문제라는 걸 알고 있어? 티셔츠 한 벌을 버릴 때 나오는 미세 플라스틱은 무려 12억 개에 달해. 이런 소비가 반복되면 펭수가 사는 남극도 녹고, 똘비가 나는 하늘도 오염될 수 있어요."

그 말에 펭수가 경악하자, 똘비가 벌떡 일어서서 외쳤다.

“지구는 일회용품이 아닙니다!!”

쌤이 고개를 끄덕였다.

“똘비 말이 맞아. 저렴한 옷이라고 해서 함부로 버리면 환경이 망가질 수 있다는 걸 알고, 이 점을 고려해서 합리적인 선택을 해야 하겠지?

이어서 누가 더 비합리적인 소비를 했는지 생각해 보자! ‘친구한테 자랑하기 위해서 비싼 핸드폰을 사는 펭수’ 대 ‘필요는 없는데 세일하니까 스티커를 쟁여놓는 똘비!’”

펭수가 한숨을 쉬며 말했다.

“아유, 필요 없는데 왜 사니, 그거를!”

쌤이 물었다.

“여기서 펭수는 무슨 소비를 한 걸까? 이걸 표현하는 네 글자 용어가 있어.”

펭수가 자신만만한 목소리로 외쳤다.

“정답! 인스타 소비!”

그 말을 들은 지현 쌤이 실소를 터뜨리며 말했다.

“그래, 인스타그램에 올리고 싶었구나. 그런데, 네 글자라니까?”

방심하지 말자! 소비의 함정들

66 펭수가 "인스타 소비!"라고 외친 용어의 정답은 무엇일까요? 바로 과시 소비였답니다. 과시란 남에게 자랑해 보이는 걸 뜻하죠. 특히 SNS가 발달하면서도 더욱 흔해진 잘못된 소비의 유형이에요.

이 밖에도 펭수와 뚝비는 선생님에게 '꼭 피해야 할 소비의 함정'들을 배웠는데요, 여기서 잠깐! 우리가 잘못된 소비 습관과 현명한 소비에 대해 공부해야 하는 이유를 짚어 볼게요.

앞서 인플레이션이 돈의 가치(실질 구매력)을 떨어뜨린다는 걸 배웠습니다. 바로 이런 이유로, 인플레이션 시대에 소비 습관이 미래에 미치는 영향은 과거에 비해 훨씬 큽니다. 같은 돈으로 예전보다 적은 물건을 살 수 있게 됨에 따라, 어떤 물건을 사기로 결정했을 때 포기해야 하는 다른 선택들의 가치(기회 비용)가 점점 커지고 있으니까요.

그래서 합리적인 선택을 방해하는 함정들을 더욱 주의해야 합니다. 지금부터는 우리가 자주 접하는 소비의 함정을 구체적으로 살펴볼 텐데요, 펭수와 똘비가 이번 시간에 배운 소비의 함정 네 가지는 바로 '과소비, 모방 소비, 충동 소비, 그리고 과시 소비'예요.

과소비 : 왜 늘 돈이 부족할까?

매달 용돈이나 월급을 받고 나서 '이번엔 꼭 저축하겠어!'라고 다짐하지만 어느새 또 빈털터리가 되어 있는 사람, 주변에 한두 명쯤 있죠?

과소비란 간단히 말해 자신이 실제로 쓸 수 있는 돈의 범위를 넘어서 너무 많이 소비하는 걸 뜻해요. 번 돈에서 꼭 써야 하는 돈(교통비, 생필품비 등)을 뺀 나머지보다도 더 많이 쓰는 상황이죠.

사례를 들어 볼게요. 고등학생 지우는 매달 20만 원의 용돈을 받아요. 교통비와 급식비로 8만 원이 나가니까 실제로 자유롭게 쓸 수 있는 돈은 12만 원이죠. 그런데 지우는 매주 친구들과 쇼핑을 하고, 새로 나온 화장품이나 옷을 보면 참지 못하고 사버려요. 그러다 보니 용돈을 받은 지 2주 만에 돈이 다 떨어지고, 나머지 2주는 친구들에게 돈을 빌리거나 부모님께 추가 용돈을 달라고 해야 하는 상황이 반복되고 있어요.

이런 패턴이 계속되면 지우는 저축할 여유가 전혀 없게 돼요. 더 나아가 자신이 정말 원하는 경험을 위한 돈을 모을 수도 없죠. 당장의 만족을 위해 미래의 더 큰 기회를 포기하는 셈이에요.

특히 인플레이션 시대에는 과소비의 문제점이 더욱 심각해져요. 물가가 오르면서 같은 물건을 사더라도 더 많은 돈이 들어가니까, 과소비로 인한 손실이 더 커지거든요.

모방 소비 : 친구 따라 나도 산다!

다음으로 살펴볼 함정은 모방 소비로, 다른 사람들이 많이 사니까 나도 따라 사는 현상을 뜻해요.

혹시 이런 경험이 있지는 않나요? 반에서 인기 있는 친구가 새로운 브랜드의 운동화를 신고 왔는데 갑자기 나도 그 신발이 갖고 싶어졌다거나, 좋아하는 인플루언서가 쓰는 화장품이나 패션 아이템을 보고 '나도 저거 사야지.'라고 마음이 동하는 거예요.

우리는 무의식적으로 다른 사람의 선택을 좋은 선택이라고 생각하는 경향이 있어요. 특히 청소년기에는 또래 집단에 소속되고 싶은 욕구가 강해서, 다른 사람들과 비슷한 소비를 함으로써 심리적 안정감을 얻으려고 합니다.

하지만 모방 소비의 큰 문제는 나 자신의 진짜 필요와 취향보다는 다른 사람의 선택에 휩쓸려 돈을 쓰게 된다는 점입니다.

이런 모방 소비가 반복되면 첫째, 만족도가 낮은 소비가 늘어납니다. 자신이 정말 원하는 게 아니니까 금방 질리거나 후회하게 되죠. 둘째, 돈이 계속 새 나가요. 유행은 계속 바뀌는데, 그때마다 따라 사다 보면 저축할 돈이 없어지게 되죠.

충동 소비 : 순간의 유혹에 빠지다

계획에 없던 물건을 갑자기 사고 싶어져서 그 자리에서 바로 결제해 버리는 것, 이게 바로 충동 소비입니다.

충동 소비가 일어나는 상황은 정말 다양합니다. 온라인 쇼핑몰에서 '오늘 하루 특가!'라는 문구를 보고 서둘러 주문하는 경우, 친구들과 쇼핑을 가서 분위기에 휩쓸려 원래 계획에 없던 옷을 사는 경우 등이 대표적이죠.

주목할 점은 충동 소비를 부추기는 다양한 마케팅 전략들이에요. '한정 수량', '마감 임박', '1+1 이벤트' 같은 문구들은 손실 회피 심리 198페이지 참고 를 자극해서 "지금 안 사면 손해"라는 생각이 들게 만들어요. 또한 온라인 쇼핑에서는 원클릭 결제 시스템으로 구매 과정을 최대한 간단하게 만들어서 충동 구매를 유도하기도 하죠.

충동 소비의 가장 큰 문제점은 기회 비용이 크다는 것입니다. 충동적으로 쓴 돈을 다른 곳에 사용했다면 얻을 수 있었던 이익을 포기한 셈이거든요.

과시 소비 : 보여주기 위한 소비

과시 소비는 말 그대로 자신의 경제적 지위나 사회적 지위를 다른 사람에게 보여주기 위해 하는 소비를 뜻합니다. 쉽게 말해 "내가 이런 걸 살 수 있어"라고 자랑하기 위한 소비입니다. SNS가 발달한 요즘에는 유튜브나 인스타그램 등에 올리기 위한 소비도 과시 소비의 한 형태라고 볼 수 있어요.

이러한 과시 소비에는 여러 가지 함정이 숨어 있습니다.

첫 번째는 끝이 없다는 점이에요. 항상 나보다 더 비싼 물건을 가진 사람이 있기 때문에, 과시를 위해 점점 더 많은 돈을 써야 하는 상황에 빠지죠.

두 번째는 자아와의 괴리입니다. 과시 소비를 하다 보면 나 자신의 진짜 필요나 취향보다는 '남들에게 어떻게 보일까'가 소비의 기준이 돼 버려요.

세 번째는 경제적 부담이에요. 과시를 위한 소비는 대부분 실제 필요보다 훨씬 비싼 물건인 경우가 많아요. 예를 들어 기능적으로는 3만 원짜리 운동화로도 충분한데, 브랜드 과시를 위해 30만 원짜리를 사는 거죠.

소비의 함정을 피하는 방법

그렇다면 이런 함정들에서 벗어나려면 어떻게 해야 할까요?

첫째, 구매 전에 하루 정도 기다려 보는 '쿨링 오프 기간'을 두세요. 시간이 지나면서 그 물건에 대한 욕구가 정말 지속되는지, 아니면 일시적인 감정이었는지 판단할 수 있게 됩니다.

둘째, 매달 용돈 중에서 자유롭게 쓸 금액을 미리 정해두고, 그 범위 내에

그림8 소비의 함정들

서만 구매하세요. 완전히 억제하지 않으면서도 과도한 소비는 막을 수 있어요.

셋째, "이건 나를 위한 소비인가, 남을 위한 소비인가?"라고 스스로에게 물어보는 습관을 기르세요. 그 물건이 나 자신에게 주는 실질적인 도움이나 만족감을 먼저 생각해 보는 것입니다.

넷째, 한 달에 한 번 정도는 자신의 소비 내역을 점검하며 정말 만족스러웠던 소비와 후회되는 소비를 구분해 보세요.

우리가 소비의 함정에 빠지는 심리적 원인

행동경제학 138페이지 참고 은 사람들이 실제로 어떻게 경제 활동을 하는지를 연구하는 분야다. 그렇다면 소비의 함정은 어떤 심리와 연관이 있을까?

첫째는 시간 선호도(현재 편향) 155페이지 참고 이다. 사람들은 나중에 받을 큰 이익보다 지금 당장 받을 작은 이익을 더 좋아한다. 머리로는 기다리는 게 더 이득이라는 걸 알지만, "지금 당장 갖고 싶다."는 충동이 더 강하기 때문이다.

둘째는 손실 회피 심리이다. 같은 크기의 이익과 손실이 있을 때, 손실의 아픔이 이익의 기쁨보다 약 2배 더 크게 느껴진다는 것이다. "지금 사지 않으면 할인 기회를 놓친다." 는 생각으로 필요 없는 물건을 사는 경우 등이 해당된다.

셋째, 앵커링 효과이다. 처음 본 가격이 기준점이 되어 다른 가격들을 판단할 때 영향을 미친다는 뜻이다. 예를 들어 "원래 10만 원인데 지금 5만 원!"이라고 하면 5만 원이 싸게 느껴진다. 쇼핑몰에서 정가에 취소선을 긋고 할인가를 강조하는 것도 같은 원리다.

인플레이션 시대의 현명한 소비 습관이란

❝ 소비의 함정을 경계할 수 있게 되었다면, 이어서 현명한 소비 습관을 길러 볼 차례입니다.

왜냐하면, 현명한 소비야말로 성공적인 투자의 출발점이기 때문이에요. 아무리 투자에 대해 많이 알고, 인플레이션 대응 전략을 연구해도 정작 투자할 돈이 없으면 소용없죠. 그리고 투자할 돈은 결국 잘 모으고(자산 형성) 똑똑하게 쓰는 데서(현명한 소비) 나옵니다.

우선 알아둘 것이 있어요. 현재의 소비는 과거의 소비와 사뭇 다르다는 사실입니다.

부모님 때만 해도 소비는 기본적인 욕구 충족이 중심이었고, 무언가를 사려면 여러 불편을 감수해야 했어요. 좋아하는 가수의 앨범을 사려면 음반 가게에 직접 가야 했고, 원하는 물건을 찾기 위해 여러 가게를 돌아다녀야 했죠. 영화 한 편을 보려면 영화관에 가거나 비디오 대여점을 이용해야 했고요. 뭔가를 사려면 반드시 상점에 가서 현금을 내고 사야 했기 때문에 자연스럽게 "정말 필요한 건가?" 한 번 더 생각하게 되었어요.

그럼, 요즘은 어떤가요? 새 앨범이 나오면 스트리밍 사이트에서 손쉽게 들을 수 있고, 실물 CD도 온라인으로 주문하면 집까지 배송돼요. 영화도 OTT 서비스에 접속하면 바로 볼 수 있죠. 심지어 이 모든 걸 스마트폰 하나로 할 수 있습니다!

원클릭 구매, 구독 서비스, 개인화된 추천 시스템 등은 소비를 훨씬 편리하게 만들었지만, 동시에 계획하지 않은 지출을 늘리는 요인이 되기도 해요. 개별적으로는 적은 금액이지만 누적되면 상당한 지출이 되거든요.

더 큰 문제는 이런 서비스들의 가격이 정기적으로 오른다는 겁니다. 인플레이션의 영향으로 넷플릭스를 비롯해 각종 앱 구독료가 계속 인상되고 있어요. 작년에 월 5천 원이던 서비스가 올해는 6천 원, 내년에는 7천 원이 될 수 있죠.

그렇다면 이런 환경에서 어떻게 현명하게 소비해야 할까요? 세 가지 원칙을 제안하고 싶습니다.

첫 번째 원칙 : 진짜 가치를 따져보자

앞서 배운 기회 비용 개념을 실생활에 적용해 보는 것입니다. 우리가 3만 원짜리 옷을 사려고 할 때, 그 옷의 진짜 비용은 3만 원이 아닙니다. 그 3만 원으로 할 수 있는 가장 가치 있는 다른 일이 진짜 비용이죠. 따라서 "이 옷이 정말 다른 선택들보다 나에게 더 큰 만족을 줄까?"라고 스스로에게 물어보는 것이 중요합니다.

특히 인플레이션 시대에는 이런 판단이 더욱 중요해집니다. 돈의 가치가 계속 떨어지고 있으니까 더욱 신중하게 써야 하거든요.

두 번째 원칙 : 타이밍을 잘 맞춰보자

인플레이션 환경에서는 언제 사느냐도 중요합니다. 크게 두 가지 전략이 있어요.

먼저, 꼭 필요한 내구재는 좀 더 좋은 것을 미리 사두는 전략입니다. 노트북이나 스마트폰 같은 경우, 싸고 품질 낮은 것을 자주 바꾸는 것보다 조금 비싸더라도 좋은 것을 사서 오래 쓰는 게 결국 더 경제적입니다. 특히 가격이 계속 오르는 상황에서는 더욱 그렇죠.

반대로, 당장 필요하지 않은 것들은 충동 구매를 피하고 신중하게 기다리는 전략도 필요합니다. '지금 사지 않으면 놓친다.'라는 식의 마케팅에 휘둘리지 말고, 정말 필요할 때까지 기다려 보세요.

세 번째 원칙 : 미래를 위한 여유를 만들어 보자

이것이 바로 소비와 투자를 연결하는 핵심입니다. 용돈이나 아르바이트 수입에서 일정 부분은 미래를 위해 따로 빼두는 습관을 만드는 것입니다.

"지금도 부족한데 어떻게 더 아껴?"라고 생각할 수 있어요. 하지만 작은 것부터 시작해 보면 생각보다 어렵지 않습니다. 예를 들어 매일 사 마시던 음료를 일주일에 세 번으로 줄인다면? 한 달에 1만 원 정도는 절약할 수 있을 거예요.

인플레이션 시대의 현명한 소비란 그저 아끼는 것이 아닙니다. 변화하는 경제 환경을 이해하고, 그 안에서 자신에게 진정으로 가치 있는 것에 돈을 쓰는 것이죠. 돈의 가치가 계속 떨어지는 시대이기 때문에 더욱 신중하게 써야 하지만, 동시에 자신의 성장과 경험을 위한 투자는 아끼지 말아야 합니다. 이 둘 사이의 균형을 잘 맞추는 것이 바로 현명한 소비의 핵심입니다!

소비 습관으로 보는 나의 10년 뒤 자산은?

어느 날 아침, 거울 앞에 서 있는 나의 모습이 보입니다. 그런데 이곳은 10년 후의 세상!
지금의 소비 습관을 그대로 유지한 채 10년을 보낸 나는 어떤 모습일까요?
아래의 예시를 참고해서, 구체적으로 상상해 봅시다!

▷ 충동 구매로 인해 통장에 남은 돈은 거의 없다!

▷ 모방 소비로 친구들과 비슷한 물건들은 많지만, 정작 내 것이라 부를 수 있는 건 없다!

▷ 계획적인 소비와 꾸준한 투자 덕분에 10년 뒤 통장에는 큰돈이 쌓여 있다. 원하는 꿈
   을 이루기 위한 준비 완료!

 더 알아볼 것 & 생각해 볼 점

● 만약 지금 소비 습관을 바꾸지 않는다면, 10년 뒤 내 자산은 얼마나 될까?

● 합리적인 소비를 통해 매달 ○만 원씩 저축하거나 투자한다면, 10년 뒤 내 자산은 얼마나 될까?

● 소비 습관이 단지 돈에만 영향을 미치는 걸까? 나의 삶 전체에 어떤 영향을 미칠 수 있을까?

활동지 작성 TIP　소비 습관이 장기적으로 나의 삶과 자산 형성에 얼마나 큰 영향을 미치는지 상상해
보는 활동입니다. 두 가지 서로 다른 소비 습관(합리적 소비와 비합리적 소비)이 미래 자산에 주는 차이
를 구체적으로 비교해서 정리해 보세요.

한 달 소비 제로 챌린지 도전하기

"소비 제로 챌린지? 한 달 동안 최대한 소비를 줄이며 살아가는 도전이라고?
소비를 줄이면 얼마나 많은 돈을 절약할 수 있는지,
나도 모르게 해왔던 소비 습관을 돌아볼 수 있다고 하니, 한번 도전해 보겠어!"

한 달 소비 제로 계획하기

1단계 : 나의 소비 습관 진단하기

● 최근 나의 주요 소비 항목 (최대 3가지)

_____________________, _____________________, _______________

● 가장 많이 후회했던 소비 2가지와 그 이유는?

소비 항목 : ______________(이유 :)

소비 항목 : ______________(이유 :)

2단계 : 소비 최소화 계획 세우기

필수 지출과 선택 지출을 구분해 봅시다!

● 필수 지출 (교통비, 식비, 참고서 구입 등 생활에 반드시 필요한 것)

항목 : _________________________(예상금액 집계 : 총 원)

● 선택 지출 (간식비, 쇼핑, 구독 서비스 등 줄일 수 있는 항목)

항목 : _________________________(예상금액 집계 : 총 원).

⇨ 이달 목표 : 선택 지출에서 줄일 금액 ________________ 원

3단계 : 소비 절약으로 자산 만들기 계획

절약한 금액을 어떻게 사용할지 구체적인 계획을 세워 봅시다.

	목표 금액	저축 방법	투자 방법
단기 목표 금액		□ 예금 □적금 □저금통 □기타	□ 국내주식 □미국 주식 □펀드 □ 기타
단기 목표 금액		□ 예금 □적금 □저금통 □기타	□ 국내주식 □미국 주식 □펀드 □ 기타

일주일 후 소비 분석 및 평가

계획과 실제 비교

계획 총 지출 : ______________원
실제 총 지출 : ______________원

차이 : ____________원 (초과 □ 절약 □)

소비 습관 평가

- 가장 만족스러웠던 소비 습관 변화는?
- 한 달 동안 가장 힘들었던 점과 그 극복 방법은?

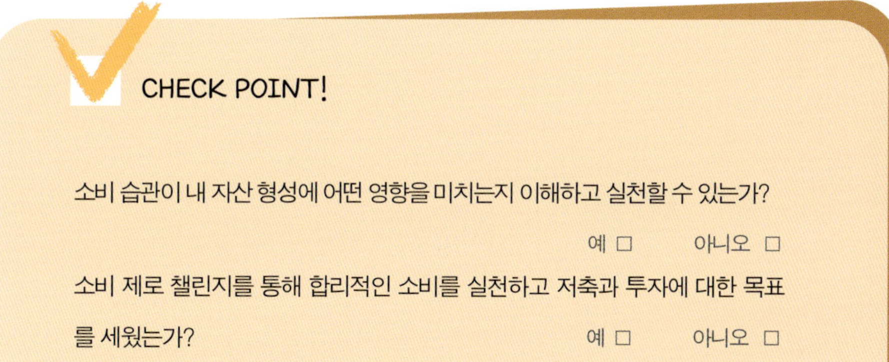

돈의
세계를
체험해 보자!

네 번째 수업

분산 투자란 무엇일까, 모의 투자를 통한 공부, 투자 철학과 투자 슬로건 만들기

네 번째 수업
전체 보기

계란은
한 바구니에 담지 마!

▷ 이번 시간
유튜브 영상 보기

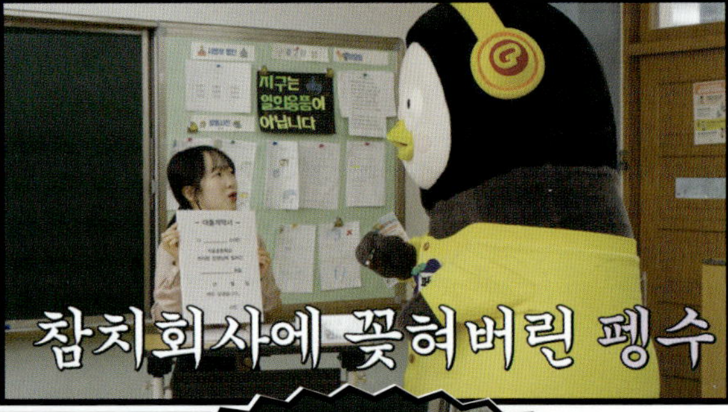

개념 키움

투자 격언

투자 격언은 오랜 투자 경험과 시장의 지혜가 담긴 짧은 교훈이다. 예를 들어 "남들이 탐욕스러울 때 두려워하고 남들이 두려워할 때 탐욕스러워하라."는 역발상 투자를, "시간은 투자의 친구다."는 ⋯⋯

펭수는 이마에 큼직한 종이를 붙이고 외쳤다.

"이번 기말고사는 100점 간다!!"

똘비가 황당하다는 말투로 물었다.

"그게 뭐예요? 부적 쓰셨어요?"

그때 지현 쌤이 교실 문을 열고 들어왔다.

"애들아~, 수업하자! 펭수야, 이마에 그건 뭐니? 강시야?"

"아뇨, 오늘 수업이 시험에 나온다고 해서 준비한 겁니다! 100점 기원 부적입니다!!"

"의지가 불타오르는군! 좋은 자세야. 정말로 시험을 잘 볼 수 있을 것 같은데? 지난 시간까지 우리 뭐 배웠는지 기억나?" 쌤은 판서하며 말을 이어 나갔다. "첫 번째 수업 땐 명석 쌤과 함께 저축이란 무엇인지 그리고 정기 예금과 적금, 주식과 채권 같은 금융 상품들의 차이도 함께 알아봤어. 두 번째 수업에선 기업들이 하는 가치 창출 행위에 대해 배웠었지? 지난 세 번째 수업에선 '왜 투자가 필요한가?'를 이야기하면서 물가 상승(인플레이션) 때문에 돈을 가만히 두면 가치가 떨어질 수 있다는 사실도 알게 되었고!"

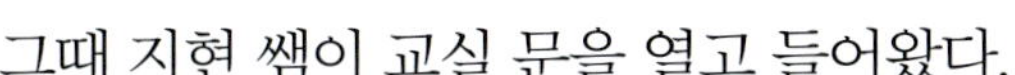

장기 투자의 가치를 강조한다. 이런 격언들은 복잡한 시장에서 감정적 판단보다 합리적 투자 결정을 내리게끔 도와주는 나침반 역할을 해 준다.

펭수가 말했다.

"그래서 오늘은 돈을 굴리는 방법! 투자 실전인가요?"

"맞아! 지금부터 진짜 투자란 어떻게 하는 건지 알아볼 거야." 쌤이 귀엽게 생긴 카드를 꺼내며 말했다. "오늘은 여러분이 직접 회사에 투자해 보는 '투자 맛보기 체험' 시간입니다! 회사 정보 카드와 여러분의 소중한 시드머니, 10만 원짜리 다섯 장을 드릴게요!"

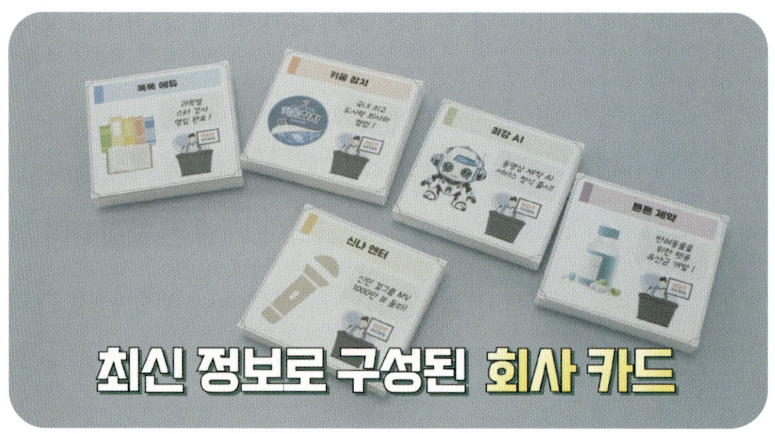

똘비는 시드머니를 제법 진지하게 바라보았다.

"총 50만 원이네. 신중하게 써야지."

"그리고 오늘만 특별히 은행도 열려요! 돈이 부족한 친구는 저한테 와서 대출도 받을 수 있어요."

그 말에 펭수가 재빨리 쌤 앞으로 다가갔다.

"저 대출할게요!"

은행으로 변신한 지현 쌤!

"오늘만 특별히! 대출 한도는 50만 원이고요, 이자율은 2%입니다."

"풀대출 갑니다. 키움참치 올인! 이제 전 세계는 참치다!"

곧이어 펭수의 투자 설명회가 시작되었다.

"안녕하십니까, 투자의 신 펭수입니다. 저는 시드머니와 대출금을 합쳐 총 100만 원을 키움참치에 투자했습니다! 우리가 살아가려면 먹어야 합니다. 참치는 생존이다! 그리고 이번에 도시락 회사랑 협업도 한다는 소문이 있습니다!"

씨드머니 50 + 대출금 50

펭수의 이야기를 들은 쌤이 물었다.

"근데 펭수야, 만약 이 돈을 못 갚으면 어떻게 될까?"

똘비가 시니컬하게 중얼거렸다.

"압류 딱지 붙죠."

그 말에 쌤이 웃으며 덧붙였다.

"그 전에 신용이 떨어져. '펭수한테는 돈 빌려주면 안 된다.'라는 인식이 생기게 되는 거야."

펭수의 동공이 흔들렸다.

"그럼, 전 못 믿을 펭귄이 되는 건가요…?"

곧이어 똘비의 순서가 시작되었다.

"저는 세 곳에 나눠 투자했습니다. 우선 K팝 엔터주에 20만 원! 걸그룹의 뮤직비디오가 1천만 뷰가 나왔대요. 조회 수 보고 확신이 들었어요. 그런 숫자가 나오기 쉽지 않거든요. 참고로, 저는 1만 뷰 정도 나옵니다….

그리고 튼튼제약에도 20만 원 투자했습니다. 펫 유산균 개발 중이라더

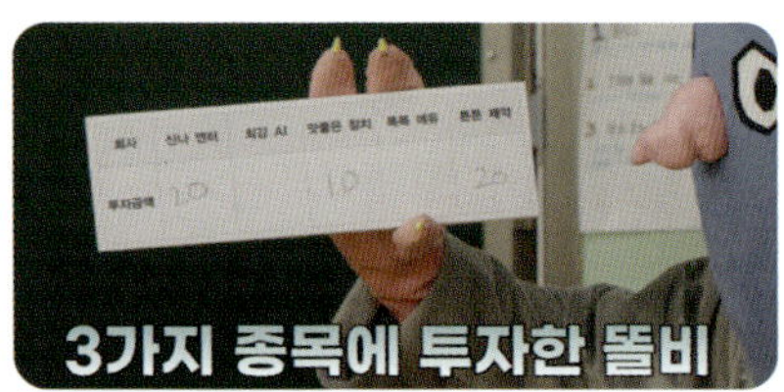

라고요. 참치도 펭수 선배님에게는 꼭 필요한 식량이니 필수재에 투자하는 의미에서 10만 원을 투자했습니다."

쌤이 놀란 표정으로 박수를 쳤다.

"좋아! 이게 바로 분산 투자야. 계란을 한 바구니에 담지 말라는 말, 들어봤지?"

"아니, 쌤! 근데 지난번부터 왜 이렇게 계란 얘기를 많이 하세요?"

똘비와 펭수가 항의하듯 말했다.

계란을 여러 바구니에 나눠 담으라는 이유

> 두 명의 친구가 각자 10만 원씩 투자를 했습니다. A는 자신이 좋아하는 게임 회사 한 곳에 10만 원을 모두 투자했어요. 반면 B는 A와 같은 게임 회사에 2만 원, 화장품 회사에 2만 원, 은행 적금에 2만 원 그리고 나머지는 식음료품 회사와 전자 제품 회사에 각각 2만 원씩 나누어 투자했죠.

한 달 후 결과는 어땠을까요? 마침 그 게임 회사가 새로 출시한 상품이 인기를 얻지 못해서 주가가 30% 떨어졌어요. A는 10만 원이 7만 원으로 줄어들어 3만 원의 손실을 봤죠.

하지만 B는 어땠을까요? 게임 회사 주식에서는 6천 원의 손실을 봤지만, 화장품 회사와 식음료품 회사 주식이 올라서 전체적으로는 1만 원 정도의 수익을 얻었습니다.

이는 "계란을 한 바구니에 담지 마라."라는 투자 격언의 핵심을 보여주는 사례입니다. 여기서 계란은 우리의 소중한 투자금을, 바구니는 각각의 투자처를 의미해요. 즉, 모든 돈을 한 곳에 몰아넣지 말고 여러 곳으로 나누어 투자하라는 뜻이죠. 이렇게 여러 투자처에 돈을 나누어 투자하는 방식을 '분산 투자'라고 부릅니다.

분산 투자의 원리를 이해하려면 먼저 위험과 수익의 관계를 알아야 합니다. 투자의 세계에는 높은 수익을 얻으려면 큰 위험을 감수해야 하고, 위험을 줄이려면 수익도 어느 정도 포기해야 한다는 관계가 존재해요.

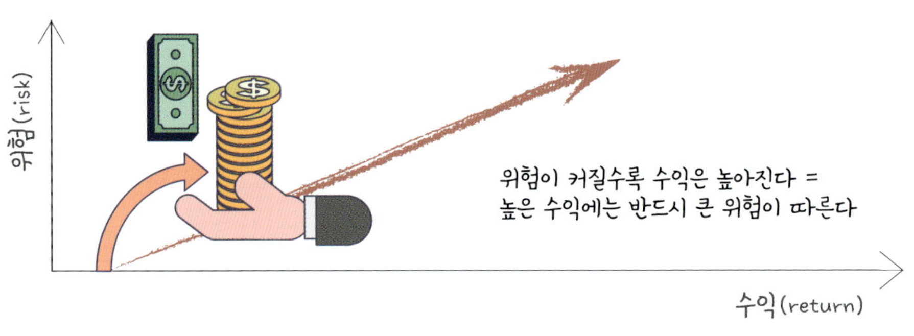

위험과 수익의 관계

분산 투자는 이런 관계에서 우리가 더 유리한 위치를 차지할 수 있게 도와줍니다. 서로 다른 움직임을 보이는 투자처들을 조합하면 전체 위험을 줄이면서도 수익은 유지할 수 있거든요. 쉽게 말해 한쪽이 떨어질 때 다른 쪽이 오르는 관계에 있는 투자처들을 섞어서 투자하는 거죠.

예를 들어 볼까요. 여름에는 에어컨 회사 주식이 오르고 겨울용품 회사 주식은 떨어진다고 해 봅시다. 반대로 겨울에는 겨울용품 회사가 잘되고 에어컨 회사는 부진할 테고요. 만약 여러분이 이 두 회사에 반반씩 투자했다면, 계절에 상관없이 비교적 안정적인 수익을 얻을 거예요.

분산 투자의 원리는 사실 우리 일상 생활에서도 자주 볼 수 있어요. 중간고사를 준비할 때를 떠올려 보세요. 시험 범위가 국어·영어·수학·과학·사회 다섯 과목인데, 수학만 열심히 공부한다면 어떻게 될까요? 운이 좋아서 수학 문제가 쉽게 나오면 좋은 성적을 받을 수 있겠지만, 수학이 어렵게 나오거나 다른 과목의 비중이 높다면 전체 성적은 좋지 않을 거예요.

하지만 다섯 과목을 골고루 공부했다면 어떨까요? 한두 과목에서 실수하더라도 다른 과목에서 만회할 수 있어서 전체적으로 안정적인 성적을 받을 가능성이 높아지겠죠. 이게 바로 분산 투자의 핵심 원리랍니다.

또 다른 예로는 카페 사장님의 메뉴 구성을 생각해 볼 수 있어요. 만약 카페에서 아메리카노만 판다면, 사람들이 아메리카노를 안 마시는 날에는 매출이 크게 떨어질 것입니다. 하지만 아메리카노뿐만 아니라 라떼·프라푸치노·디저트·샐러드 등 다양한 메뉴를 준비한다면, 날씨나 고객의 기분에 상관없이 안정적인 매출을 유지할 확률이 높아집니다.

다양한 분산 투자 방법들

분산 투자에는 여러 가지 방법이 있어요.

첫 번째, 투자 종류별로 나눌 수 있습니다.

이는 주식, 적금, 채권 등 서로 다른 성격의 투자처에 나누어 투자하는 방법이에요. 예를 들어 100만 원을 가지고 있다면, 주식에 40만 원, 적금에 30만 원, 채권에 20만 원, 현금으로 10만 원을 보유하는 식이죠. 이렇게 하면 주식 시장이 떨어져도 적금과 채권에서 안정적인 수익을 얻을 수 있어요.

주식은 수익이 클 수 있지만 위험도 큰 투자처이고, 적금은 수익은 작지만 안전한 투자처예요. 이 둘을 섞어서 투자하면 상대적으로 안전하면서도 어느 정도 수익을 기대할 수 있는 중간 지점을 찾을 수 있는 거죠.

두 번째, 업종별로 나누는 것입니다.

같은 주식 투자라도 IT, 금융, 제조업, 바이오, 화학 등 서로 다른 업종에 나누어서 투자하는 거예요. 코로나19 때를 생각해 보세요. 항공업계나 관광업계는 큰 타격을 받았지만, 배달업계나 온라인 쇼핑 관련 회사들은 오히려 성장했죠. 만약 여러 업종에 분산 투자를 했다면 이런 충격을 어느 정도 완화할 수 있었을 거예요.

같은 맥락에서, 경기가 좋을 때는 자동차나 건설 회사들이 잘되고, 경기가 어려울 때는 생필품이나 의료 관련 회사들이 상대적으로 안정적인 흐름을 보입니다. 이런 특성을 이용해서 투자하면 경기 변화에 덜 민감한 투자 포트폴리오(투자 자산 구성)를 만들 수 있어요.

세 번째, 지역별로 나눌 수 있습니다.

우리나라 기업뿐만 아니라 미국, 유럽, 중국 등 다른 나라의 기업이나 자산에도 투자하는 방법입니다. 각 나라의 경제 상황이 다르므로, 한 나라의 경제가 어려울 때 다른 나라에서는 수익을 얻을 수 있어요.

"물론 가능해! 가장 간단한 방법은 종잣돈을 모으기 위한 방법을 다양화하는 거야. 예를 들어 한 달에 5만 원씩 예산을 잡았다고 해 보자. 그럼 적금에 3만 원, 한국 주식에 1만 원, 미국 주식에 1만 원 등으로 나눠서 저축 및 투자하는 거야.

관심 분야를 다양화하는 것도 좋아. 게임에 관심이 있다면, 게임 회사뿐 아니라 관련이 있는 반도체 회사, 엔터테인먼트 회사 등에도 관심을 가져 보고, 한국 회사는 물론 여러 다른 나라의 회사들도 살펴보는 거지. 이렇게 하다 보면 자연스럽게 투자 관점도 넓어질 수 있어."

분산 투자의 한계

하지만 분산 투자가 만능은 아닙니다. 2008년 글로벌 금융위기나 2020년 코로나19 같은 상황에서 생기는 위험은 분산 투자로도 막을 수 없습니다. 아무리 여러 곳에 나누어 투자해도 피할 수 없는 것이죠.

예를 들어 여러분이 삼성전자, LG전자, SK하이닉스, 현대자동차 등 다양한 회사에 분산 투자를 했다고 해 볼게요. 하지만 우리나라 전체 경제에 큰 충격이 온다면, 이 모든 회사의 주가가 함께 하락할 수 있어요. 태풍이 오면 튼튼한 나무든 약한 나무든 모두 흔들리는 것과 마찬가지입니다.

분산 투자의 또 한 가지 문제는 자칫 관리가 어려워질 수 있다는 거예요. 10군데, 20군데에 조금씩 투자하면 각각의 투자처가 어떻게 되고 있는지 일일이 확인하기도 힘들고, 수수료도 많이 나가게 되죠.

게다가 정말 좋은 투자 기회가 있어도 그 효과가 작아져 버려요. 예를 들어 20군데에 나누어 투자했는데, 그중 한 곳에서 100% 수익이 났다고 가정할게요. 하지만 전체 투자금에서 그 비중이 5%밖에 안 된다면, 전체 수익률 또한 5%밖에 안 되겠죠.

그래서 적당한 수준의 분산이 중요합니다.

워런 버핏도 인정한 분산 투자의 힘

세계적인 투자자 워런 버핏 89~96페이지 참고 도 일반 투자자들에게는 분산 투자를 적극 추천한답니다. 특히 그는 "대부분의 사람들에게는 개별 주식을 골라서 사려고 애쓰는 것보다 여러 회사에 분산 투자하는 상품(ETF)에 투자하는 것이 훨씬 나은 결과를 가져다줄 것"이라고 말했어요.

실제로 버핏은 자신의 아내에게 "내가 죽으면 유산의 90%는 미국의 대표적인 500개 기업에 분산 투자하는 상품(미국 S&P500 지수 추종 ETF)에, 10%는 안전한 국채에 투자하라."라고 유언을 남기기도 했답니다.

그런데 뒤에서도 이야기하겠지만, 사실 워런 버핏 자신은 평생 소수의 기업에 집중 투자해서 큰 성공을 거둔 사람이거든요. 그런 그가 일반 사람들에게는 분산 투자를 권한다는 것은, 그만큼 분산 투자가 상대적으로 안전하고 효과적인 방법이라는 뜻이겠죠.

한편, 투자의 세계에는 분산 투자와는 정반대의 전략도 있습니다. 바로 '집중 투자'입니다. 이어서 집중 투자에 대해 알아보면서, 언제 분산 투자를 하고 언제 집중 투자를 해야 하는지도 함께 살펴보겠습니다.

바구니가 튼튼하다면 괜찮지 않을까?

66 분산 투자에 대해 배우며, 이런 의문이 들지는 않았나요? '만약 정말 튼튼한 바구니 하나를 확실히 알고 있다면, 모든 달걀을 그 바구니에 담는 게 더 좋지 않을까?'

실제로 투자의 세계에는 이런 생각을 가진 사람들이 많습니다. 이들은 여러 곳에 조금씩 나누어 투자하는 대신, 자신이 확신하는 한두 곳에 집중적으로 투자하는 전략을 선택하죠. 이것을 집중 투자라고 합니다.

집중 투자란, 소수의 투자처에 자금을 몰아서 투자하는 전략이에요. 분산 투자가 위험을 나누어서 안정성을 추구한다면, 집중 투자는 높은 확신을 바탕으로 큰 수익을 노리는 공격적인 전략이라고 할 수 있죠.

많은 사람들이 집중 투자에 매력을 느끼는 가장 큰 이유는 집중의 힘 때문입니다. 여러 곳에 조금씩 투자하는 대신 확신하는 한 곳에 집중하면, 그곳이 성공했을 때 훨씬 큰 수익을 얻을 수 있으니까요.

이러한 집중 투자로 큰 성공을 거둔 대표적인 인물이 워런 버핏입니다.

워런 버핏은 일반 투자자들에겐 분산 투자를 권유하지만, 실은 집중 투자의 대가이기도 합니다.

1980년대에 버핏은 코카콜라 주식에 투자금의 40% 이상을 집중했어요. 당시 많은 사람들이 너무 위험하다고 걱정했지만, 버핏은 코카콜라의 브랜드 가치와 수익성을 깊이 분석한 결과 확신을 가지고 집중 투자를 했죠. 결과는 어땠을까요? 코카콜라 주식은 이후 20년간 수십 배 오르면서 버핏에게 엄청난 수익을 안겨 주었습니다.

1973년에는 워싱턴 포스트 신문사에 투자했어요. 당시 이 회사의 시장가치는 8천만 달러였는데, 버핏은 이 회사의 진짜 가치가 4억 달러는 된다고 판단했어요. 무려 5배나 저평가되어 있다고 본 거죠.

그는 워싱턴 포스트에 대해 이렇게 말했습니다.

"만약 누군가가 내게 워싱턴 포스트를 2억 달러에 팔겠다고 한다면, 나는 수표책을 꺼낼 것이다. 하지만 주식 시장에서는 8천만 달러에 살 수 있었다."

이 투자 역시 대성공이었어요. 워싱턴 포스트 주식은 이후 30년간 100배 이상 올랐습니다.

하지만 버핏이 사람들을 가장 크게 놀라게 한 건, 바로 애플에 대한 대규모 집중 투자였습니다. 평생 기술주를 기피했던 그가 애플에 투자한다는 소식은 정말 충격적이었거든요.

그러나 버핏은 애플을 기술 회사가 아닌 필수 소비재 ^{아래 내용 참고} 회사로 봤어요. 그는 이렇게 설명했습니다.

"아이폰은 단순한 전자제품이 아니라 사람들의 생활 필수품이 되었다. 사람들은 아이폰 없이는 살 수 없다고 느낀다."

2016년부터 지금까지 버핏은 애플에 약 400억 달러를 투자했고, 한때 그 가치는 1,800억 달러가 넘기도 했어요. (참고로, 2024년 들어 버핏은 애플 주식을 대폭 매각하기 시작했고, 현재는 버크셔 해서웨이 전체 주식 포트폴리오의 약 25~28%를 차지하고 있어요. 여전히 가장 큰 보유 종목이지만, 과거처럼 50%에 가까운 비중은 아닙니다.)

필수 소비재

앞서 필수재로 설명한 바와 같이, 필수 소비재는 우리가 살아가는 데 꼭 필요한 기본적인 물건들을 말한다. 경제 상황이 좋든 나쁘든 상관없이 반드시 사야 하는 것들이다.

필수 소비재의 가장 큰 특징은 경제가 어려워져도 사람들이 구매를 포기하기 어렵다는 점이다. 예를 들어 경제가 나빠져서 돈이 부족해도 밥은 먹어야 하고, 비누로 씻어야 하고, 치약으로 양치는 해야 한다. 이런 것들이 바로 필수 소비재다. 이런 특성 때문에 필수 소비재를 만드는 회사들은 경기가 나빠져도 상대적으로 안정적인 수익을 낼 수 있다. 그래서 투자자들은 경기가 불안할 때 필수 소비재 회사 주식을 선호하는 경우가 많다. 물론 경기가 좋을 때는 성장률이 다른 업종보다 낮을 수 있지만, 꾸준하고 안정적인 것이 장점이다.

투자의 대가, 워런 버핏의 집중 투자 원칙

버핏이 스스로 밝힌 집중 투자 원칙 중 대표적인 것들을 소개한다.

- **능력 범위 내에서만 투자하라** : 버핏은 자신이 완전히 이해할 수 있는 사업에만 투자한다. "내가 이해하지 못하는 사업에는 투자하지 않는다."라는 것이 그의 철칙이다.
- **해자가 있는 회사를 찾아라** : 그는 경쟁사가 쉽게 따라잡을 수 없는 해자를 가진 회사를 좋아한다. 해자란 중세 시대 성 주변에 파던 물길을 말하는데, 적군이 쉽게 침입하지 못하도록 막아주는 역할을 하는 구조물이다. 기업에서 해자는 브랜드 파워, 독점적 사업권, 높은 전환 비용 등을 의미하는 것으로, 코카콜라의 브랜드, 애플의 생태계 등이 대표적인 해자로 불리운다.
- **가격이 아닌 가치를 보라** : 버핏은 주가가 아니라 기업의 진짜 가치에 집중한다. 워싱턴 포스트처럼 시장에서 저평가된 우량 기업을 찾아내는 것이 그의 특기다. 그는 이렇게 말했다. "가격은 당신이 지불하는 것이고, 가치는 당신이 얻는 것이다." 싼 가격에 좋은 기업을 사는 것이 투자의 핵심이라는 뜻이다.
- **장기적 관점을 유지하라** : 버핏의 집중 투자는 항상 장기적 관점에서 이루어진다. "우리가 좋아하는 보유 기간은 영원이다."라고 말했을 정도다.

역사가 보여주는 집중 투자의 위험성

하지만 집중 투자에는 치명적 단점이 있습니다. 바로 높은 위험성입니다. 한 곳에 모든 투자금을 집중하면, 그곳에 문제가 생겼을 때 전체 자산이 크게 타격을 받을 수 있거든요.

1990년대 후반, 전 세계는 인터넷에 열광했습니다. 지금 당연하게 생각하는 온라인 쇼핑, 이메일, 웹사이트들이 그때는 정말 혁신적인 기술이었거든요. 사람들은 '인터넷이 세상을 완전히 바꿀 것'이라고 믿었어요. 회사 이름에 '닷컴(.com)'이라는 단어가 붙은 것만으로, 회사 가치가 수십 배로 뛰어오르는 모습을 보면서 완전히 흥분했죠.

아마존과 구글 등이 등장한 것도 바로 이때입니다. 물론 이 회사들은 크게 성공했지만, 비슷한 시기에 수백, 수천 개의 닷컴 회사들이 우후죽순 생겨났어요. 심지어 강아지 사료를 온라인으로 파는 회사도 수십억 원의 가치를 인정받았을 정도였죠. 투자자들은 이 기회를 놓치면 안 된다는 생각에 자신이 가진 모든 돈을 IT 관련 주식에 쏟아부었습니다.

그렇게 1997~1999년 사이에 인터넷 기업 주가가 급격히 상승하며 이른바 '닷컴 버블' <자산 버블에 관한 내용은 160페이지 참고> 이 형성되었습니다.

그런데 문제는 많은 인터넷 회사들이 돈을 전혀 못 벌고 있다는 것이었습니다. 심지어 어떻게 돈을 벌지 계획조차 없는 회사가 대부분이었죠. 이러한 사실이 드러나면서, 주가는 폭락하기 시작했습니다.

2000년 3월에 최고점을 기록한 나스닥(미국의 IT 주식들이 모인 주식 시장)은

2002년 10월이 되자 최고점 대비 무려 78%나 하락했습니다. 쉽게 설명하면, 100만 원을 투자했다가 22만 원만 남은 상황이 된 거예요. IT 기업에 집중 투자했던 많은 사람들이 하루아침에 자산의 대부분을 잃어버렸습니다.

집중 투자가 적합한 경우

그렇다면 집중 투자는 언제 하면 좋을까요? 몇 가지 조건이 있습니다.

첫 번째, 정보 우위가 있을 때입니다. 다른 투자자들보다 특정 분야나 기업에 대해 훨씬 많이 알고 있다면 집중 투자를 고려해 볼 수 있다는 뜻입니다. 예를 들어 여러분이 게임 개발자를 꿈꾸고 있고, 게임 산업에 대해 누구보다 잘 안다면 게임 회사 주식에 집중 투자하는 것이 합리적일 수 있죠.

두 번째, 장기적 확신이 있을 때입니다. 단순히 주가가 오를 것 같다는 추측이 아니라, 그 회사나 산업의 장기적 성장성에 대한 확고한 믿음이 있어야 해요.

세 번째, 손실을 감당할 능력이 있을 때예요. 집중 투자는 큰 손실의 가능성도 함께 안고 있습니다. 따라서 설령 투자금의 상당 부분을 잃더라도 생활에 큰 지장이 없을 정도의 여유 자금으로만 해야 해요.

딱 한 회사에만 투자할 수 있는 세상이라면?

이곳은 모든 사람이 딱 한 곳의 회사에만 평생 투자해야 하는 세상입니다. 만약 투자를 한다면 선택은 단 한 번! 일단 투자할 회사를 정하면 절대로, 평생 바꿀 수 없죠. 즉, 여러분의 미래는 그 회사의 성공과 실패에 달렸습니다. 선택한 회사가 크게 성장하면 평생 부유하게 살 수 있지만, 회사가 위기에 빠지면 여러분의 삶도 함께 흔들릴 거예요.

이런 세상이라면, 당신은 투자의 세계에 참여하겠습니까, 아니면 아예 하지 않겠습니까?

만약 투자를 한다면 어떤 기준을 가지고, 어떤 회사를 선택할까요?

 더 알아볼 것 & 생각해 볼 점

- 만약 오직 한 곳에만 투자해야 한다면 어떤 위험이 생길 수 있을까?
- 이런 세상에서 기업들은 경쟁력과 안정성을 갖추기 위해 어떤 노력을 할까?
- 현실에서 우리가 분산 투자를 하는 것이 왜 중요한지 다시 한 번 생각해 보자!

활동지 작성 TIP　극단적인 상황(투자처가 하나뿐인 상황)을 상상해 봄으로써 투자의 위험에 대해 더 깊이 이해할 수 있습니다. 분산 투자와 집중 투자의 개념을 이해하고 각 투자법이 가진 장단점을 정리해 본 후, 실제 경제 생활에서 분산 투자와 집중 투자를 어떻게 현명하게 활용할 수 있을지 여러분만의 아이디어를 생각해 보세요!

나의 투자 스타일을 찾아라!

"키움 참치에 완전 꽂혔는데, 집중이냐 분산이냐, 그것이 문제로다!"

"분산 투자와 집중 투자에 대해서 배웠는데도, 고민이라니!!

쌤과 함께 펭수만을 위한 투자 스타일을 한번 찾아볼까?"

분산 투자 vs. 집중 투자 : 한눈에 비교하기

구분	분산 투자	집중 투자
장점	✔ 안정적인 수익 가능 ✔ 위험을 줄일 수 있음	✔ 성공하면 큰 수익 가능 ✔ 확실한 판단력을 키울 수 있음
단점	✘ 수익이 크게 나기 어려움 ✘ 여러 투자처 관리 필요	✘ 실패하면 큰 손해 ✘ 정확한 판단과 전문성 필요

나의 투자 스타일 확인하기

투자 스타일 체크리스트

그렇다/아니다에 대답한 후 분산 또는 집중에 체크한 개수를 세어 보세요.

- 나는 작은 손해도 견디기 어렵다.　　그렇다 □ → 분산　아니다 □ → 집중

- 투자를 할 때 여러 회사에 관심이 많다.　　그렇다 □ → 분산　아니다 □ → 집중

- 나는 위험을 감수하더라도 높은 수익을 얻고 싶다.

　　그렇다 □ → 집중　아니다 □ → 분산

- 나는 꾸준히 오랜 기간 투자하고 싶다. 그렇다 □ → 분산 아니다 □ → 집중
- 나는 투자하고 싶은 분야에 확신과 전문 지식이 있다.

  그렇다 □ → 집중 아니다 □ → 분산

⇨ 결과 : 분산 투자에 체크한 개수 (　　)개 vs. 집중 투자에 체크한 개수 (　　)개

투자 스타일별 TIP

- **분산 투자형**

  여러 회사의 주식이나 펀드에 조금씩 투자해 봅시다.

  적금과 같은 안전한 금융 상품에도 함께 투자하는 게 좋아요.

  나의 아이디어 : ＿＿＿＿＿＿＿＿＿＿＿＿＿＿＿＿＿＿＿＿＿＿＿

- **집중 투자형**

  관심 있는 분야를 깊이 있게 공부하고 정보를 모으세요.

  적은 금액으로 시작하여, 투자 경험을 점차 늘려보는 것이 좋아요.

  나의 아이디어 : ＿＿＿＿＿＿＿＿＿＿＿＿＿＿＿＿＿＿＿＿＿＿＿

✔ CHECK POINT!

분산 투자로 시작해서 투자 경험을 쌓고 있는가?　　　　예 □　　　아니오 □

투자할 때 항상 정보를 충분히 공부한 후 투자처를 선택하고 있는가?

　　　　　　　　　　　　　　　　　　　　예 □　　　아니오 □

욕심내지 않고 장기적인 목표로 투자하고 있는가?　　예 □　　　아니오 □

투자에도 철학이 필요해!

▷ 이번 시간
유튜브 영상 보기

개념 키움

모의 투자

실제 돈을 쓰지 않고 가상의 돈으로 주식이나 펀드 등에 투자해 보는 연습이다. 증권 회사나 투자 교육 사이트에서 제공하는 가상계좌에 일정 금액이 주어지고, 실제 주식 시장 데이터를 바탕으로 ⋯

"지금부터 수행 평가를 할 거야. 주제는 '나는 앞으로 어떤 투자를 할 것인가'. 자신만의 투자 슬로건을 만들어 보는 거야."

펭수와 똘비는 동시에 연필을 들었다.

"선생님!" 펭수가 손을 번쩍 들었다. "혹시 상 있나요?"

쌤이 반짝이는 금빛 배지를 손에 들며 말했다.

"당연히 있지! 아주 멋진 키움 배지! 게다가 말이지." 지현 쌤은 목소리를 낮추며 덧붙였다. "초등, 중등, 고등 단계에서 하나씩 받아서, 총 세 개를 모으면 마장동에서 갓 잡은 한우를 줄 거야!"

"오오오오오오오오…!!!" 펭수는 환호성을 질렀다.

"헉! 한우요?!" 똘비가 눈이 동그래졌다. "선생님, 진짜 좀… 놀 줄 아시네요?"

다들 진지하게 종이에 슬로건을 적고 있을 때, 펭수는 이마에 손을 얹고 깊은 고민에 빠졌다. 그리고 발표 시간이 되자 재빠르게 손을 들었다.

"제가 발표하겠습니다! 짜잔!" 펭수가 종이를 들어 보이며 당당히 말했다. "과유불급입니다!"

매매할 수 있다. 주가가 오르면 수익이 나고, 떨어지면 손실이 발생하지만 실제로 돈을 얻거나 잃지 않는다. 대신에 투자 경험을 쌓고 투자 심리를 익힐 수 있다는 장점이 있다. ●

쌤은 미소를 지으며 물었다.

"왜 그렇게 적었어?"

펭수는 조금 진지해진 표정으로 말했다.

"오늘 제가 몰빵했잖아요. 대출까지 받아서. 그렇지만 분산 투자와 집중 투자에 대해서 배우면서 투자와 투기의 차이에 대해 생각하게 됐습니다! 집중 투자를 하려면 철저한 공부와 치열한 고민이 필요한 거였어요. 저는 그냥 한 방을 노렸던 것 같습니다."

똘비는 놀란 눈으로 펭수를 쳐다봤다.

"와, 선배님도 그런 생각을 하긴 하시는군요?"

"그래서!" 펭수는 허리를 꼿꼿이 세우며 외쳤다. "앞으론 욕심내지 않고, 안전하게 투자하겠습니다!"

지현 쌤의 눈빛이 촉촉해졌다.

"펭수가 진짜로 뭔가 깨달은 거 같아. 선생님, 좀 감동했어."

"감동은 잠시 미뤄두시고요." 똘비가 자리에서 일어섰다. "제 슬로건 발표하겠습니다."

"오, 자신감 있어 보이네. 똘비는 뭐라고 썼을까?"

"뱁새가 황새 따라가다 다리 찢어진다…. 아니, 비둘기가 펭귄 따라가려다 계좌 찢어진다!"

펭수의 눈이 동그래졌다.

"어, 이거 나 디스한 거 아님?"

"아뇨. 저 자신을 돌아본 말이에요." 똘비는 단호했다. "오늘 펭수 선배님 따라가려다 투자가 산으로 갈 뻔했거든요. 앞으론 누구 말에 휘둘리지 않고, 제 기준과 생각으로 투자하겠습니다."

쌤은 손뼉을 짝짝짝 치며 말했다.

"둘 다 너무 잘했어, 정말로! 누구한테 배지를 줘야 할지 너무 고민되는걸."

잠깐 고민하던 지현 쌤은 손을 뻗었다.

"가장 강하게 꽂힌 네 글자, '과유불급'을 외친 펭수에게 배지를 수여합니다!!"

"오예~~~!!!"

펭수는 자리에서 일어나 어깨춤을 췄다. 똘비는 살짝 입을 삐죽 내밀었다.

"제 슬로건은요?"

쌤은 활짝 웃으며 말했다.

"그게 감동이 안 됐겠니? 선생님이 또… 마음이 넓잖아? 똘비에

게도 배지 하나 드립니다!"

펭수는 속삭였다.

"이럴 줄 알았으면 '한우불급'이라고 쓸 걸…."

투자에 철학이 대체 왜 필요해?

    치킨을 시킬 때도 사람마다 나름의 기준이 있는 법입니다. '난 매운 걸 못 먹으니까 순한 맛', '가격은 2만 원 이하일 것', '배달비 무료인 곳'처럼요. 친구를 사귈 때도 '거짓말하지 않는 사람', '함께 있으면 즐거운 사람' 같은 기준이 있고요. 투자할 때도 이런 기준이 필요합니다. 자신만의 투자 철학이요.

투자 철학이란 '언제, 어디에, 얼마를, 어떻게 투자할지'에 대한 나만의 규칙입니다. 거창하지 않은 정말 간단한 원칙들도 투자 철학이 될 수 있습니다. 예를 들면 이런 것들이죠.

v 매월 5일에 용돈 받으면 그 중 1만 원은 무조건 투자하기

v 내가 자주 쓰는 브랜드 회사에만 투자하기

v 한 달에 한 번씩 투자 현황 점검하기

그런데 왜 이런 원칙이 필요할까요? 여기, 두 명의 친구가 있습니다. 둘 다 매달 용돈 15만 원을 받는데, 그 중 1만 원씩 투자를 하기로 했어요.

A는 투자에 대한 특별한 원칙이 없어서 매번 상황에 따라 투자 방향을 바꿔요. 1월에는 친구가 좋다고 해서 ○○엔터 주식을 샀어요. 그런데 2월에는 유튜브에서 '게임 회사 주식이 뜬다.'고 하니까 ○○엔터를 팔고 ××게임을 샀죠. 3월에는 ○○엔터가 오르는 걸 보고 후회해서 ××게임을 팔고 다시 ○○엔터를 샀어요. 4월에는 부모님이 주식은 위험하다고 하시니까 모든 주식을 팔고 적금을 들었고, 5월에는 또 다른 친구의 말을 듣고서는 적금을 해지하고 △△식품 주식을 샀어요.

반면 B는 처음부터 명확한 원칙을 정해 놨어요. '내가 자주 이용하는 브랜드 3개 회사에 나누어 투자하기', '매월 5일에 각각 3천 원씩, 총 9천 원 투자하고 1천 원은 비상금으로 현금 보관', '6개월에 한 번씩만 점검하고, 그 외에는 절대 건드리지 않기'라는 간단한 규칙이었어요. 그리고 자신이 좋아하는 스○○스와 넷××스에 꾸준히 투자했습니다.

6개월 후 결과는 어떻게 됐을까요? A는 자주 사고 팔았지만 타이밍을 잘못 맞춰서 원금 6만 원 중 4만 5천 원만 남았어요. 더 큰 문제는 스트레스였어요. 매일 주식 가격을 확인하느라 공부에 집중할 수 없었거든요.

B는 6개월간 총 5만 4천 원을 투자해서 6만 2천 원이 되었어요. (6천 원은 비상시를 위한 현금으로 가지고 있어요.) 8천 원의 수익도 좋았지만, 더 중요한 건 마음의 평화였어요. 중간에 주식이 오르락내리락해도 자신의 원칙을 지켰기 때문에 스트레스받지 않았죠.

이처럼 투자 철학은 일관성이라는 큰 힘을 가져다줘요. 자신만의 전략을 꾸준히 실행하는 것이 단기적으로 전략을 자주 바꾸는 것보다 더 좋은 결과로 이어지는 경우가 많답니다. 또한 일관성 있게 투자하면 마음의 평화를 유지할 수 있어요.

나만의 투자 철학을 만드는 법

그럼, 어떻게 하면 자신만의 투자 철학을 만들 수 있을까요? 첫 번째 단계는 자신을 아는 것이에요. 용돈이 얼마인지, 한 달에 얼마까지 투자할 수 있는지, 주식이 떨어졌을 때 어느 정도까지 견딜 수 있는지를 솔직하게 파악해야 합니다.

예를 들어 주식이 10% 떨어졌을 때 "괜찮아, 장기적으로 보자."라고 생각하며 느긋한 사람이 있는 반면, 밤잠을 못 이루며 걱정하는 사람도 있어요. 전자는 좀 더 적극적인 투자를 할 수 있고, 후자는 안전한 투자부터 시작하는 게 좋겠죠.

자신의 성향을 파악했다면 이제 구체적인 원칙을 정해야 합니다. 언제 투자할지, 어디에 투자할지, 얼마를 투자할지, 어떻게 투자할지에 대한 기준을 세우는 거예요.

투자 시기 언제 투자할지 특정한 시점을 정하기 예시 : 매월 용돈 받는 날 다음 날짜 / 분기별로 한 번씩 등

투자 대상 어디에 투자할지 기준을 정하기 예시 : 내가 아는 브랜드에만 투자하기 / 산업의 대표 기업 5등까지만 투자하기 등

투자 금액 비율 혹은 금액을 정하기 예시 : 용돈의 30%는 투자하고 20%는 저축하고 50%는 사용하기 / 매월 1만 원씩 투자하기 / 증권 어플의 자동 투자 기능으로 1천 원씩 미국 주식에 투자하기 등

투자 방법 사고파는 기준을 정하기 예시 : 한번 사면 최소 6개월 이상 보유하기 / 투자 포트폴리오는 반드시 3~5곳 사이로 유지하기 등

이런 원칙들을 조합해서 자신만의 투자 철학을 한 문장으로 만들어 보세요. 예를 들어 "매월 5일에 용돈 15만 원 중 1만 원을, 내가 좋아하는 브랜드 3곳에 나누어 투자하고, 6개월에 한 번씩만 점검한다"처럼요.

세계적인 투자자들의 투자 철학

❝ 세계적인 투자자들도 모두 자신만의 명확한 투자 철학을 가지고 있습니다. 워런 버핏의 유명한 투자 철학 중 하나는 "내가 이해할 수 없는 기업에는 투자하지 않는다."예요. 그래서 그는 1990년대 인터넷 붐이 일었을 때도 IT 기업에 투자하지 않았어요. 당시 많은 사람들이 '버핏은 시대에 뒤떨어졌다.'고 비판했지만, 2000년 닷컴 버블이 터지면서 그의 철학이 옳았다는 것이 증명되었습니다.

또 다른 투자 대가인 피터 린치는 "주식이 아닌 회사를 사라."라는 철학을 가지고 있어요. 이 말의 의미는 단순히 주가 차트만 보고 투자하지 말고, 그 회사가 실제로 어떤 사업을 하는지, 제품이나 서비스가 어떤지, 고객들의 반응은 어떤지를 꼼꼼히 살펴보라는 뜻입니다.

린치의 유명한 일화 중 하나는 바로 헤인즈(Hanes) 팬티스타킹 이야기예요. 어느 날 그의 아내가 "요즘 나온 헤인즈 팬티스타킹이 정말 좋아. 질도 좋고 가격도 저렴해서 친구들 사이에서 인기가 대단해."라고 말했습니다. 린치는 그 말을 듣고 바로 헤인즈라는 회사를 조사하기 시작했죠. 회사의 재무 상태, 경영진, 시장 점유율 등을 꼼꼼히 분석한 결과 정말 좋은 투자처라는 확신을 얻었고, 그 회사에 투자해서 큰 수익을 올릴 수 있었습니다.

린치는 또 이런 말도 했습니다.

"당신이 맥도날드 햄버거를 좋아한다면, 맥도날드 주식을 사기 전에 그 회사가 정말 잘 운영되고 있는지 확인해 보라. 매장은 깨끗한지, 서비스는 빠른지, 새로운 메뉴 개발은 잘하고 있는지 말이다."

이처럼 그는 투자자들이 일상 생활에서 경험할 수 있는 것들을 투자 판단의 기준으로 삼으라고 조언했습니다.

세 번째로 소개할 투자 대가는 벤저민 그레이엄입니다. 워런 버핏의 스승이기도 한 그는 '가치 투자의 아버지'라고 불립니다. 그레이엄의 철학은 "주식을 싸게 사서 비싸게 팔아라."예요. 너무 당연한 말 같지만, 실제로는 많은 사람들이 반대로 한다는 게 문제랍니다. 주가가 오를 때 사서 떨어질 때 파는 경우가 허다하죠.

그레이엄의 유명한 일화 중 하나는 1930년대 대공황 때의 일입니다. 당시 모든 사람들이 공포에 빠져 주식을 팔아치울 때, 그레이엄은 오히려 좋은 회사들의 주식을 헐값에 사들였어요. 그는 "주식 시장은 단기적으로는 투표 기계이지만, 장기적으로는 체중계"라고 말했습니다. 지금 당장은 사람들의 감정에 따라 주가가 오르락내리락하지만, 길게 보면 결국 그 회사의 진짜 가치가 반영된다는 뜻이에요.

이들 세 명의 투자 철학에는 공통점이 있습니다.

먼저 모두 단기적인 수익보다는 장기적인 관점에서 투자한다는 점입니다. 버핏은 "우리가 좋아하는 보유 기간은 영원이다."라고 했고, 린치는 "전형적인 큰 승자는 보통 3년에서 10년이 걸린다."라고 말했어요. 그레이엄 역시 "10년, 20년 또는 30년의 투자 기간 동안 시장의 일일 변동은 전혀 중요하지 않다."라고 강조했죠.

또 다른 공통점은 자신만의 명확한 기준을 가지고 있어서, 시장의 변동이나 주변의 유혹에 쉽게 흔들리지 않는다는 점이에요. 2008년 금융위기 때 많은 투자자들이 주식을 팔아치웠어요. 하지만 버핏은 오히려 "다른 사람들이 두려워할 때 탐욕스러워져라."라며 더 많은 주식을 샀죠. 자신의 철학에 대한 확신이 있었기 때문에 가능한 일이었습니다.

투자 대가들의 철학에서 배울 점

이들의 철학에서 우리가 배울 수 있는 점들을 정리해 볼까요.

첫째, 자신이 이해할 수 있는 것에 투자해야 합니다. 복잡하고 어려운 투자 이론보다는, 일상에서 접하고 이해할 수 있는 기업들에 관한 조사부터 시작하는 게 좋아요.

둘째, 단순히 주가 움직임만 보지 말고 그 회사가 어떤 사업을 하는지, 제품이나 서비스가 어떤지를 살펴봐야 합니다.

셋째, 단기적인 수익에 급급하지 말고, 장기적인 관점에서 투자해야 합니다.

예를 들어 평소 스타벅스 커피를 자주 마신다면 스타벅스가 어떤 회사인지, 새로운 매장이 생기고 있는지, 음료는 잘 팔리는지, 고객 서비스는 어떤지를 관찰해 보세요. 나이키 운동화를 좋아한다면 나이키의 새로운 제품들이 인기를 얻고 있는지, 다른 브랜드와 비교해서 어떤 장점이 있는지 생각해 보고요.

물론 이런 관찰만으로 투자를 결정하면 안 되고, 회사의 재무 상태나 미래 전망 등도 함께 조사해야 하겠죠. 하지만 투자 대가들의 철학을 보면, 복잡한 분석보다는 이런 기본적인 관찰과 상식이 더 중요할 때가 많습니다.

투자 철학은 경제적 목표를 달성하기 위한 나침반 역할을 합니다. 바다에서 배를 몰 때 나침반이 있어야 방향을 잃지 않는 것처럼, 투자할 때도 자신만의 원칙이 있어야 혼란스러운 상황에서도 올바른 판단을 할 수 있습니다.
처음에는 간단한 원칙부터 시작해서, 경험을 쌓으면서 점차 발전시켜 나가면 됩니다. 버핏도 처음에는 단순한 원칙에서 시작해서 수십 년에 걸쳐 자신만의 철학을 완성했어요. 린치도 펀드 매니저가 되기 전, 여러 시행착오를 겪으며 자신의 투자 스타일을 찾아갔고요.

무엇보다 중요한 건 완벽한 철학을 만들려고 하지 말고, 우선 시작하는 것이에요. 투자 철학은 실제 투자를 하면서 경험을 통해 만들어지는 것이니까요. 적은 금액이라도 자신만의 원칙을 가지고 꾸준히 투자해 보세요. 실패할 수도 있고 실수할 수도 있지만, 그런 경험들이 모여서 나만의 투자 철학이 완성될 것입니다.

자고 일어나니, 내가 투자 회사의 CEO?

당신은 큰 투자 회사의 대표가 되었습니다. 회사 이름은 '미래키움투자'이고, 1,000억 원의 자금을 운용하는 책임을 맡게 되었어요. 여러분의 결정 하나하나가 회사의 운명을 좌우합니다. 회사에는 200명의 직원들이 일하고 있고, 그들 모두가 가족을 부양하고 있어요. 또한 전국의 수많은 개인 투자자들과 연금을 운용하는 기관들이 당신을 믿고 돈을 맡겼어요. 은퇴를 앞둔 60대 아버지가 평생 모은 퇴직금 2억 원을, 갓 결혼한 30대 부부가 집 살 돈 5천만 원을 당신의 회사에 맡긴 상황입니다.

이런 상황에서 어떤 기준으로 투자 결정을 내릴 건가요? 투자 회사 대표로서 투자 결정을 할 때 반드시 지킬 세 가지 원칙을 세워 보세요!

 더 알아볼 것 & 생각해 볼 점

- 그러한 원칙을 정한 이유는? 그리고 원칙을 지키지 않으면 어떻게 될까?
- 대표인 나의 잘못된 투자 결정으로 회사가 위기에 빠진다면 어떤 상황이 벌어질까? (직원들, 고객들 그리고 나의 삶까지 상상해 보기)

활동지 작성 TIP 이 사고실험의 목적은 자신의 투자 결정이 미칠 영향과 책임감을 현실감 있게 느껴 봄으로써 투자에 필요한 명확한 원칙과 철학을 세우는 것이 왜 중요한지를 스스로 깨닫는 것입니다. 각 원칙을 정한 이유와 그 원칙을 지키지 않았을 때의 결과를 생생하게 상상해 보고 기록하면, 투자 철학의 중요성을 더 깊이 이해할 수 있을 거예요!

나만의 투자 철학 슬로건 만들기

“성공적인 투자를 위해서는 투자 철학이 필수라는 걸 이제 알겠어!
이러다 나도 투자의 대가가 된다면…
누군가 나중에 내 투자 철학을 공부할지도 모르니까 이번 기회에 제대로 만들어 보자!”

1단계 : 나의 투자 철학 키워드 찾기 (3개를 선택하세요)

- **안전성** 관련 : □ 안전제일　　□ 신중하게　　□ 차근차근　　□ 보수적으로
- **수익성** 관련 : □ 대박 나자　　□ 꾸준히　　　□ 성장하자　　□ 복리의 힘
- **방법론** 관련 : □ 분산 투자　　□ 장기 투자　　□ 공부 먼저　　□ 원칙 지키기
- **마인드** 관련 : □ 욕심내지 말기　□ 감정조절　　□ 인내심　　　□ 용기 있게

2단계 : 슬로건 만들기

- 내가 선택한 키워드 3개 ＿＿＿＿＿＿＿ , ＿＿＿＿＿＿＿ , ＿＿＿＿＿＿＿
- 키워드를 조합해 투자 철학 슬로건 작성하기

＿＿＿＿＿＿＿＿＿＿＿＿＿＿＿＿＿＿＿＿＿＿＿＿＿＿＿＿＿＿

예시 : 공부가 먼저! 공부한 후에는 복리의 힘을 이용해 인내심을 가지고 투자하자!

●상황 1 : 친구가 "이 주식 대박 날 것 같은데 같이 사자!"라고 할 때

→ 내 슬로건대로 하면 어떻게 행동할까요?

____

●상황 2 : 내가 산 주식이 20% 떨어졌을 때

→ 내 슬로건이 도움이 될까요?

____

●상황 3 : 용돈을 많이 받아서 투자할 돈이 생겼을 때

→ 슬로건에 따라 어떻게 투자할까요?

____

✔ CHECK POINT!

내 슬로건을 휴대폰 메모장에 저장하기 ☐

가족이나 친구에게 내 슬로건 자랑하기 ☐

슬로건에 따라 실제 투자 계획 세우기 ☐

한 달 후 슬로건이 도움됐는지 점검하기 ☐

1년 후 ⋯ 슬로건이 어떻게 발전했는지 비교하고,
새로운 버전의 슬로건 만들어 보세요!

초등학교 졸업!!
…은 새로운 시작,
다음 편에서 만나요

오늘은 키움 초등학교 금융 교육 과정 졸업식.

지현 쌤이 졸업장을 하나씩 꺼내들며 엄숙하게 낭독했다.

"졸업 증서. 키움 초등학교의 금융 교육 과정을 열과 성을 다해

착실히 수행하였으므로

이 졸업장을 수여합니다.

2025년 3월 27일,

키움 초등학교장 엄주성!"

똘비가 훌쩍였다.

"이럴 줄 알았으면 마지막 수업 때 더 집중할 걸 그랬어요…!"

"야야 그만 울어. 졸업하는 날이잖아, 기쁜 날!"

그 순간, 쌤이 의미심장한 미소를 지으며 말했다.

"초등학교를 졸업했지만, 이게 끝은 아니잖아? 다음에는 어디로 가야 할까?"

펭수와 똘비가 어리둥절한 표정으로 답했다.

"어딜 가긴요…, 집이죠."

"저는 지금 당장 이불 속으로 들어가고 싶어요."

둘의 대답에, 지현 쌤이 신이 난 목소리로 말을 이었다.

"그게 아니고~! 우리 이제 중학교도 가야지!!"

펭수는 약간 당황한 눈치였다.

"네? 중학교, 다음은 고등학교, 그다음은 대학교…. 이러다 우리 대학

원까지 가는 거예요?”

쌤이 짐짓 못 들은 척 둘을 불러 모았다.

“얘들아! 우리 이렇게 예쁘게 화환도 달았으니까, 마지막으로 졸업 사
진 한 장 찍고 마무리하자!”

펭수 & 똘비, '돈의 기초'를 배우고 초등학교 졸업~!

“하나, 둘, 셋! 초등학교 끝! 야호~~!”

펭수는 여전히 졸업상을 손에 든 채, “중학교 경제도 내가 접수한다!”
라는 포부를 불태우고 있었다.

내용 감수 **김윤경**

플랫폼 운영 기획 전문가. 25년간 야놀자, 우아한형제들, 카카오스타일 등 유수의 플랫폼에서 다양한 유저의 니즈를
기반으로 서비스/매출 확장 및 시스템화에 기여해 왔다.

펭수야~ 학교 가자!
제1권 : 돈의 기초 편

초판 1쇄 인쇄 2025년 7월 23일
초판 1쇄 발행 2025년 7월 30일

지은이   키움증권 채널K, 자이언트 펭TV
원작   유튜브 〈채널K〉 '펭수야~ 학교 가자!' 시즌 1
감수   김윤경
펴낸곳   넥스트씨
펴낸이   김유진
출판등록 2021년 11월 24일(제2021-000036호)
홈페이지 nextc.kr
전화번호 070-8027-8584
이메일   duane@nextc.kr
주소   서울시 중구 서애로23 3층, 318호

ⓒ 키움증권 채널K, 자이언트 펭TV, 2025
ISBN 979-11-990676-7-7 43320